Nicky Gumbel

Und wenn es ihn doch gibt?

Warum es sinnvoll ist,
mit Gott zu rechnen

W0245321

Über den Autor

Nicky Gumbel studierte Jura und Theologie in Oxford und Cambridge und war danach sechs Jahre als Rechtsanwalt tätig, bevor er als Pfarrer der *Holy Trinity Brompton Church* in London ordiniert wurde. Seit 1990 verantwortet und koordiniert er den Alpha-Kurs, an dem weltweit bisher schon viele Millionen Menschen teilnahmen. Der Alpha-Kurs gilt damit auch als der meistverbreitete Glaubenskurs der Welt.

Nicky Gumbel

Und wenn es ihn doch gibt?

**Warum es sinnvoll ist,
mit Gott zu rechnen**

Aus dem Englischen übersetzt von Jokim Schnöbbe

FSC

Mix
Produktgruppe aus vorbildlich
bewirtschafteten Wäldern und
anderen kontrollierten Herkünften

Zert.-Nr.SGS-COC-1940
www.fsc.org
© 1996 Forest Stewardship Council

Verlagsgruppe Random House FSC-DEU-0100
Das FSC-zertifizierte Papier *Holmen Book Cream*
für dieses Buch liefert Holmen Paper, Hallstavik,
Schweden.

1. Auflage 2010
Best.-Nr. 816 239
ISBN 978-3-86591-239-8

Umschlaggestaltung: Immanuel Grapentin
Lektorat und Satz: Nicole Schol
Druck und Verarbeitung: GGP Media GmbH, Pößneck

▶▶ **Inhalt**

Im März 2007 besuchte ich eine öffentliche Diskussion in der *Westminster Central Hall*. Es ging um das Thema „Ohne Religion wären wir besser dran". Verteidigt wurde diese These von Richard Dawkins, A. C. Grayling und Christopher Hitchens. Mit mehr als zweitausend Anwesenden war der Saal bis auf den letzten Platz gefüllt; viele Leute hatten lange angestanden, um hineinzukommen. Es war eindeutig, dass diese Thematik auf großes Interesse stieß. Deshalb machte ich mich im Anschluss an diese Veranstaltung daran, die Bücher der Debattierenden und einige ihrer Kritiker zu lesen.

Im Oktober 2007 hielt ich dann in unseren Sonntagsgottesdiensten drei Vorträge, die die Grundlage für die Kapitel 1 bis 3 dieses Buches bilden. Mir war bewusst, dass sich die Vorträge teilweise mit der ersten Lehreinheit des Alpha-Kurses („Wer ist Jesus?") deckten, in der wir die Beweislage für das Leben, den Tod und die Auferstehung Jesu Christi untersuchen. Anstatt diese Einheiten miteinander zu verschmelzen, habe ich für Interessierte „Wer ist Jesus?" diesem Buch als Anhang beigefügt.

Dr. Graham Tomlin, Superintendent des Kirchenbezirks St. Mellitus und Leiter des theologischen Seminars *St. Paul*, hat sich freundlicherweise bereiterklärt, eine Erwiderung zu Richard Dawkins' Aussagen vom Standpunkt eines Theologen aus zu schreiben und dieselbe Thematik aus einem etwas anderen Blickwinkel anzugehen.

Herzlichen Dank an James Orr, Saskia Lawson Johnston, Kitty Kay-Shuttleworth, Sir John Houghton, Geoffrey Locke, Kumar Iyer, Simon Wenham, Alex Guillaume, Ramez Sousou, Randa Hanna, Justin Walford, James Bradley, Jo Glen und Julia Evans für ihre Unterstützung und ihre Ratschläge bei dem vorliegenden Text.

Kapitel 1

►► Hat die Naturwissenschaft die Existenz Gottes widerlegt?

Einleitung

Einige bekannte Atheisten haben in letzter Zeit eine Reihe von Büchern veröffentlicht. Das bekannteste davon ist zweifelsohne „Der Gotteswahn" von Richard Dawkins. Von Dawkins wird gesagt, er sei „seit Bertrand Russell der beste Anwärter für so etwas Ähnliches wie einen Berufsatheisten". Zu den anderen Büchern gehören *Against All Gods* („Gegen alle Götter") von A. C. Grayling, einem atheistischen Philosophen; „Der Herr ist kein Hirte" von Christopher Hitchens, einem atheistischen Journalisten, sowie „Brief an ein christliches Land" und „Das Ende des Glaubens" von Sam Harris, einem amerikanischen Akademiker, der häufig in Radio und Fernsehen auftritt.

Die Autoren propagieren ihre atheistischen Auffassungen ganz offensiv. Sam Harris beispielsweise glaubt, dass alle Religionen „sowohl falsch als auch gefährlich"[1] seien. Dawkins erläutert diesen Standpunkt näher:

„Ich sehe Religion als einen gefährlichen Virus. Glaube ist wie ein Virus, der Kinder angreift und eine Gene-

ration nach der nächsten infiziert. Für viele Menschen gehört zum Erwachsenwerden dazu, den Glaubensvirus mit einer gesunden Dosis rationalen Denkens abzutöten. Wenn man es jedoch nicht schafft, den Virus abzuschütteln, ist man geistig für den Rest des Lebens im Kindesalter gefangen und infiziert möglicherweise die nächste Generation.[2] [...] Glaube kann sehr, sehr gefährlich sein, und ihn absichtlich in den verletzlichen Geist eines arglosen Kinds einzupflanzen ist ein schwerer Fehler.[3] [...] [S]exueller Missbrauch [ist] zweifellos etwas Entsetzliches, aber der dadurch verursachte langfristige psychische Schaden [ist] nachweislich geringer als der, den eine katholische Erziehung anrichte[t]."[4]

Das erklärte Ziel dieser Atheisten ist es, den Glauben zu „beseitigen", auch wenn Dawkins Religion duldet, solange sie sich auf den „privaten Austausch zwischen zustimmenden Erwachsenen" beschränkt. Wie Harris schreibt: „Ich wäre der Erste, der zuzugeben bereit ist, dass die Aussichten auf einen Rückzug der Religion in unserer Zeit nicht gut sind. Andererseits hätte man das Gleiche am Ende des 18. Jahrhunderts über die Aussichten für die Abschaffung der Sklaverei sagen können."[5]

In gewisser Hinsicht ist das nichts Neues. Schon der Prediger schreibt in der Bibel: „Und es gibt gar nichts Neues unter der Sonne" (Prediger 1,9). Das Christentum wird seit zweitausend Jahren angegriffen. Trotzdem hat es überlebt und ist weiterhin am Wachsen.[6] Es hat auch schon zahlreiche Versuche gegeben, Gott umzubringen. Beispielsweise 1882, als der berühmte Philosoph Friedrich Nietzsche – wie allgemein bekannt ist –

den Tod Gottes verkündete.[7] Doch Nietzsche hatte nicht das letzte Wort. Ein Graffitikünstler schrieb: „Gott ist tot" und unterzeichnete den Satz mit „Nietzsche". Ein anderer Graffitikünstler schrieb darunter: „Nietzsche ist tot" und unterzeichnete den Satz mit „Gott".

Inwieweit unterscheidet sich also der derzeitige Angriff von diesen historischen Bestrebungen zur Abschaffung der Religion? Er ist insofern anders, weil diese Atheisten ein klares Ziel verfolgen, und zwar so engagiert, dass sie sogar schon „Atheisten mit Vision" genannt wurden. In seinem Buch „Der Gotteswahn" schreibt Dawkins: „Wenn dieses Buch die von mir beabsichtigte Wirkung hat, werden Leser, die es als religiöse Menschen zur Hand genommen haben, es als Atheisten wieder zuschlagen."[8] Eine solche Aggression und Heftigkeit dieser Bestrebungen ist bei uns im Westen noch neu. In anderen Teilen der Welt erleben Menschen häufiger, dass sie wegen ihrer religiösen Überzeugungen heftig angegriffen werden. Daran wurde ich vor Kurzem auf einer Reise nach Ungarn erinnert, wo der atheistische Kommunismus vierzig Jahre lang versuchte, den Glauben auszumerzen. Das kommunistische Regime wollte Eltern davon abhalten, ihre Kinder christlich zu erziehen. Jozsef Mindszenty, ein katholischer Kardinal, der dem Kommunismus entschieden entgegentrat, wurde inhaftiert und gefoltert. Da überrascht es wahrscheinlich nicht, dass die oben erwähnten Bücher in Ungarn nicht besonders gefragt sind.

Trotzdem haben diese Bücher in den USA, Großbritannien und in weiten Teilen Westeuropas eine beträchtliche Leserschaft gewonnen. Einer neueren Umfrage zufolge stand „Der Gotteswahn" weit oben auf der

Liste der Bücher, die Parlamentsabgeordnete während der Sommerpause lasen. Daher ist es klar, dass diese Werke potenzielle Folgen für unsere Gesetzgebung und das Bildungswesen, für Ethik, Genetik, Menschenrechte und unseren Anspruch, unsere Kinder christlich zu erziehen, haben. Hier stehen wichtige Punkte auf dem Spiel.

Gleich zu Beginn wollen wir sechs positive Aspekte dieser Autoren und ihrer Argumente hervorheben:

1. Es sind schlaue Köpfe – Professoren und Intellektuelle –, die Rhetorik, Humor und Hohn gekonnt einsetzen.
2. Einige der von ihnen vertretenen Standpunkte und Religionskritiken, besonders in Bezug auf gewaltbereite Religion, erfordern Mut (aufseiten der Autoren).
3. Einige der Angriffe gegen das Christentum sind gut begründet und müssen ernst genommen werden, damit die Fehler der Vergangenheit nicht wiederholt werden.
4. Der christliche Glaube kann und sollte aus der Kritik seiner Gegner auch einen positiven Nutzen ziehen.
5. Diese Autoren haben den christlichen Glauben wieder in die öffentliche Diskussion gebracht. Der Apostel Petrus sagt: „Seid immer bereit, Rede und Antwort zu stehen, wenn jemand fragt, warum ihr so von Hoffnung erfüllt seid" (1. Petrus 3,5; GN). Wenn in der Schule, der Universität, bei der Arbeit oder beim Abendbrot Glaube und Religion zur Sprache kommen, dann ist es wichtig, dass wir unsere Antworten gut durchdacht haben.

6. Wahrheit ist nicht irrelevant. Diese Überzeugung ist ein wichtiger Schritt weg vom Relativismus, der besagt, es sei nicht so wichtig, *was* man glaubt, solange man es nur aufrichtig tue. Diese Autoren sagen dagegen, dass es sehr wohl wichtig ist, was man glaubt, weil sich der Glaube auf das Leben auswirkt. Die Wahrheit ist wichtig. Roger Scruton, ein Professor in Oxford, schreibt in dem Oxford-Lexikon der Erkenntnistheorie: „Wenn Ihnen jemand sagt, dass es keine absolute Wahrheit gibt, fordert die Person Sie dadurch im Grunde auf, ihr nicht zu glauben. Also tun Sie es auch nicht."[9]

In „Der Gotteswahn" schreibt Dawkins, das Hauptargument im Buch sei das Kapitel „Warum es mit ziemlicher Sicherheit keinen Gott gibt". Sein Argument setzt voraus, dass die Naturwissenschaft praktisch die Existenz Gottes widerlegt habe. Demzufolge würden Gottesgläubige an einer Wahnvorstellung leiden. Dawkins zitiert das mit *Microsoft Word* gelieferte Lexikon, in dem das englische Wort für „Wahn" – *delusion* – definiert wird als „dauerhafte falsche Vorstellung, die trotz starker entgegengesetzter Belege aufrechterhalten wird, insbesondere als Symptom einer psychiatrischen Erkrankung"[10]. Dawkins meint daraufhin: „Der erste Teil dieser Definition ist eine perfekte Beschreibung des religiösen Glaubens. Und was die Frage angeht, ob es sich um das Symptom einer psychiatrischen Erkrankung handelt, so halte ich es mit Robert M. Pirsig, dem Autor des Buches ‚Zen and the Art of Motorcycle Matinenance' [‚Zen und die Kunst, ein Motorrad zu warten']: ‚Leidet ein Mensch an einer Wahnvorstellung, so nennt man es Geisteskrankheit. Leiden viele Menschen an einer Wahnvorstellung, dann nennt man es Religion.'"[11]

Ist Gott eine Wahnvorstellung? Hat die Naturwissenschaft die Existenz Gottes widerlegt? Wir wollen die Beweislage einmal anhand von drei wichtigen Fragen unter die Lupe nehmen.

I. Sind Glaube und Wissenschaft miteinander vereinbar?

Richard Dawkins schreibt: „Leute gehen gern davon aus, dass Glaube und Naturwissenschaft miteinander vereinbar seien. Ich nicht. Ich denke, sie widersprechen sich zutiefst."[12] Wie begründet er diese Behauptung?

Dawkins zufolge kann es keinen vernünftigen, intelligenten und ehrlichen Naturwissenschaftler geben, der an die Existenz Gottes glaubt, mutmaßt er doch, dass alle Gläubigen unter einem Wahn leiden. Wenn also ein Wissenschaftler behauptet, Christ zu sein, lässt sich daraus schließen, dass es ihm entweder an Intelligenz mangelt (Dawkins beschreibt den „Atheismus der intellektuellen Elite"), oder aber er ist unaufrichtig oder gar geisteskrank. Wissenschaftler mögen behaupten, gläubig zu sein – so deutet es Dawkins an –, um mit dem Templeton-Preis für Religion ausgezeichnet zu werden, der in den vergangenen Jahren an führende Wissenschaftler ging.

Wie passt das zum Tatsachenbestand?

Geschichtlich gesehen waren Christentum und Naturwissenschaft meist Verbündete, keine Gegner. Das ist eine gut belegte Tatsache. Genauer gesagt hat die christliche Weltanschauung das nötige Umfeld geschaffen, in dem die moderne Wissenschaft entstehen konnte. Das 1. Buch Mose beginnt mit den Worten: „Im Anfang schuf Gott den Himmel und die Erde", und sagt dann weiter: „Und Gott sah alles, was er gemacht hatte, und siehe, es war sehr gut" (1. Mose 1,1.31a).

Erstens war es dieser Glaube an einen Gott, der die Welt erschaffen hat, der Naturwissenschaftler wiederum eine geordnete, klar erfassbare, rationale und konstante Welt erwarten ließ. C. S. Lewis bringt den Gedanken, der sich hinter diesem Argument verbirgt, auf den Punkt: „Die Menschen wurden zu Wissenschaftlern, weil sie erwarteten, dass es in der Natur ein Gesetz gäbe; und sie erwarteten ein Gesetz in der Natur, weil sie an einen Gesetzgeber glaubten."[13]

Zweitens ist Gott im Schöpfungsbericht von der Natur getrennt und die Schöpfung ist im Grunde gut. Der Glaube an einen transzendenten Gott (der getrennt von der Natur existiert) bringt mit sich, dass man experimentieren darf. Wenn man glaubt, die Welt sei böse, oder wenn man an Pantheismus (demzufolge Gott in allem ist) glaubt, dann bergen Forschung und Experimente ein Risiko. Wenn man dagegen an einen transzendenten Gott glaubt – an einen Gott, der eine gute Welt geschaffen hat, die jedoch nicht an sich Gott ist –, dann ist Forschung sowohl legitim als auch lohnend.

Lesslie Newbigin betont: „In den großen Kulturen wie China, Indien und Ägypten zeigte sich zwar geniales intellektuelles Vermögen, aber eine Entwicklung von Wissenschaft im modernen Sinn gab es nicht."[14] Professor John Polkinghorne untermauert diesen Punkt durch seine Aussage, dass die christliche Schöpfungslehre „den Nährboden für das Emporkommen des wissenschaftlichen Unterfangens lieferte".[15] Wie auch der Historiker Herbert Butterfield schreibt: „Die Wissenschaft ist ein Kind christlichen Gedankenguts."[16] Als Professor Alister McGrath diesen Punkt Richard Dawkins gegenüber ansprach, zeigte sich dieser leicht überrascht und entgegnete: „Das wäre natürlich ein berechtigter historischer Aspekt, aber ich weiß nicht genug über Geschichte, um das zu beurteilen."[17] In einer neueren Debatte zwischen Dawkins und Dr. John Lennox wurde deutlich, dass Ersterer inzwischen in diesem Punkt nachgegeben hat. Er sagte, man müsse zugeben, „dass die Wissenschaft natürlich aus religiösen Traditionen hervorgegangen ist"[18].

Die Geschichte zeigt, dass Religion die treibende Kraft der Naturwissenschaft war. Wenn man an Gott als Schöpfer des Universums glaubt, dann entdeckt man mehr über Gott, indem man die Welt wissenschaftlich untersucht, weil Gott sich selbst in der Schöpfung offenbart hat. Dieses Argument können wir noch weiterführen, indem wir die Sichtweisen von einigen der bedeutendsten Naturwissenschaftler der Vergangenheit in Betracht ziehen:

Nikolaus Kopernikus (1473–1543) hat die Grundlagen für die moderne Astronomie und die naturwissenschaftliche Revolution gelegt, indem er auf der Basis mathematischer Erkenntnisse zu der Erkenntnis kam, dass sich die Erde um die Sonne dreht. Er war Kanoniker in der Domschule in Frauenburg und beschrieb Gott als „den besten und systematischsten Handwerker überhaupt".

Galileo Galilei (1564–1642), Mathematiker, Physiker und Astronom, war der Begründer moderner Mechanik und experimenteller Physik. Er stellte die Behauptung auf, dass die Erde nicht im Mittelpunkt des Universums steht. Obwohl er von der Kirche verfolgt wurde, war er ein gläubiger Katholik und sagte einmal: „Es gibt zwei große Bücher: das Buch der Natur und das Buch der Übernatur, die Bibel."[19]

Johannes Kepler (1571–1630) war ein genialer Astronom in der Anfangszeit dieser Wissenschaft und ein großartiger Mathematiker. Außerdem war er ein hingegebener Lutheraner und sagte, dass er die „Gedanken Gottes" nach diesem denke.[20]

Robert Boyle (1627–1691), der Christ war, wird als einer der Vorreiter der modernen Chemie gefeiert und hat dem „Boyle'schen Gesetz" seinen Namen verliehen.

Sir Isaac Newton (1642–1727), der vielleicht größte Naturwissenschaftler aller Zeiten, verfasste sowohl theologische als auch naturwissenschaftliche Bücher, wobei er seine theologischen Werke für bedeutender hielt. Er fand, dass keine Wissenschaft besser nachgewiesen war als die biblische Religion.

Michael Faraday (1791–1867) war einer der herausragenden Naturwissenschaftler des 19. Jahrhunderts, und auch bei ihm war es der christliche Glaube, der den wichtigsten Einfluss auf sein Leben und Werk hatte.

Professor James Simpson (1811–1870), jener schottische Geburtshelfer, der das Chloroform entdeckte und dadurch den Weg für moderne Betäubungsmittel bahnte, wurde einmal gefragt: „Was ist die wichtigste Entdeckung, die Sie jemals gemacht haben?" Er antwortete: „Die wichtigste Entdeckung, die ich je gemacht habe, geschah an dem Tag, als ich Jesus Christus entdeckte."

Louis Pasteur (1822–1895) entdeckte den Prozess der Pasteurisierung und revolutionierte die Mikrobiologie. Er sagte: „Die Wissenschaft bringt uns Gott näher."[21]

Gregor Mendel (1822–1884) war ein österreichischer Botaniker, der mit Pflanzen experimentierte und dessen Erforschung der Erbgesetze die Grundlage für die moderne Wissenschaft der Genetik legte. Allerdings war er auch Priester, Mönch und Abt eines Klosters, in dem er viele seiner Nachforschungen betrieb. Die Tatsache, dass er ein gläubiger Christ war, stellt Richard Dawkins vor ein Problem, da sein eigener Wissenschaftsbereich auf Mendels Arbeit aufbaut, und Dawkins lobt Mendel als „den genialen Begründer der gesamten Genetik"[22]. Dann geht Dawkins jedoch dazu über, Mendels Glauben zu entschuldigen. „Mendel", so schreibt er, „war als Augustinermönch natürlich ein religiöser Mann; aber das war im 19. Jahrhundert, und damals war der Eintritt ins Kloster für den jungen Mann der einfachste Weg, um seine wissenschaftlichen Interessen weiter zu verfolgen. Für ihn war es das Gleiche wie heute ein Forschungsstipendium."[23] Hierdurch legt Dawkins nahe, Mendel sei nur deshalb ins Kloster eingetreten, um dadurch freie Forschung betreiben zu können.

John Cornwell bezieht sich in seinem Buch Darwin's Angel („Darwins Engel") darauf:

„Mir war nicht bewusst, dass Männer den drastischen Schritt unternahmen, einem Kloster beizutreten, nur *um freie Gelder für wissenschaftliche Studien zu bekommen. Ist aber gar keine so schlechte Idee: eine anständige (obgleich bescheidene) Mahlzeit pro Tag, eine Kammer für einen allein und endlose Freizeit, in der man ungestört von fleischlichen Ablenkungen jenen langfristigen Forschungsprojekten nachgehen kann. Doch welch Weitblick! Vater Mendel hat erst spät in seinem religiösen Leben Pflanzenbiologie studiert – nach sieben Jahren Philosophie und Theologie sowie einer Karriere als Lehrer von allgemeinen Themen.“*[24]

Joseph Lister (1827–1912) hat den Weg für antiseptische Chirurgie bereitet, die viele tausend Leben gerettet hat. Er war ein liebenswürdiger und bescheidener Mann, der sich sein Leben lang von Gott geführt wusste.

James Clerk Maxwell (1831–1879), ein schottischer Physiker, der vor allem dafür bekannt wurde, dass er einen Satz von Gleichungen entwickelte, die die Grundlagen der Elektrizitätslehre und des Magnetismus bilden, wird hinsichtlich seines Beitrags zur Wissenschaft häufig auf eine Stufe gestellt mit Sir Isaac Newton und Albert Einstein. Die meisten modernen Naturwissenschaftler halten ihn für *den* Wissenschaftler des 19. Jahrhunderts, der den größten Einfluss auf die Physik des 20. Jahrhunderts gehabt hat. Michael Atiyah, Rektor des *Trinity College* in Cambridge (1990–91), sagt: „Unsere moderne technologisierte Gesellschaft – vom Computer bis zur Telekommunikation – ist fest in der von Maxwell gelegten Grundlage verankert.“[25]

Lord Kelvin (William Thomson, 1842–1907) ging an die Universität von Glasgow, als er gerade einmal zehn Jahre alt war. Mit 22 war er Professor. Dieser schottische Ingenieur, Mathematiker und Physiker hat das wissenschaftliche Gedankengut seiner Generation zutiefst beeinflusst. Er war „führend unter den britischen Wissenschaftlern, die dazu beigetragen haben, die Grundlage für die moderne Physik zu legen". Auch er war Christ.

All diese Menschen waren Wissenschaftler mit starken christlichen Überzeugungen. Haben Naturwissenschaftler nur in der Vergangenheit an Gott geglaubt? Wie steht es heute? Wenn es tatsächlich so ist, wie die Kritiker behaupten – dass Naturwissenschaft und Religion sich eindeutig widersprechen –, dann dürfte es eigentlich keine gläubigen Naturwissenschaftler geben. Dawkins gibt jedoch zu, dass 40 Prozent der amerikanischen Wissenschaftler religiös sind. „1916 wurden Biologen, Physiker und Mathematiker befragt, ob sie an einen Gott glauben, der aktiv mit der Menschheit kommuniziert und zu dem man beten könnte mit der Aussicht auf eine Antwort. 40 Prozent bejahten diese Frage."[26] 1997, also knapp hundert Jahre später, führte dieselbe Umfrage zu dem Ergebnis, dass der Prozentsatz nahezu gleich geblieben ist.[27] Viele der heute führenden Naturwissenschaftler sind gläubig. Richard Dawkins versucht, britische Wissenschaftler mit einer Portion Witz abzutun: „Unter den britischen Wissenschaftlern unserer Zeit tauchen mit der liebenswerten Vertrautheit der Seniorpartner in einer Dickens'schen Anwaltskanzlei immer die gleichen drei Namen auf: Peacocke, Stannard und Polkinghorne."[28] Doch Wissenschaftler können nicht einfach beiseitegeschoben werden, weil ihre Namen nach einem Roman von Dickens klingen! Pastor Dr. John Polkinghorne, mit einem Ritterorden ausgezeichnet und Mitglied der Königlichen Gesellschaft, ist ein brillanter Wissenschaftler, der zunächst Professor für mathematische Physik in Cambridge war, 1986 Dekan und Geistlicher in der *Trinity Hall* in Cambridge und 1989 Direktor des *Queen's College Cambridge*. Er hat mehrere herausragende Bücher über das Verhältnis von Glaube (besonders dem christlichen Glauben) und Naturwissenschaft geschrieben.

Richard Dawkins versäumt es, Sir John Houghton zu erwähnen, der ebenfalls Mitglied der Königlichen Gesellschaft ist. Dieser führende britische Naturwissenschaftler war vierzehn Jahre lang stellvertretender Vorsitzender des Arbeitskreises für den Zwischenstaatlichen Ausschuss für Klimaänderungen (IPCC). Houghton war Chefredakteur der ersten drei Berichte des IPCC und 2007 teilte sich der IPCC den Friedensnobelpreis mit Al Gore, dem ehemaligen US-Vizepräsidenten. Houghton war Professor für atmosphärische Physik an der Universität Oxford, Geschäftsführer des nationalen meteorologischen Dienstes von Großbritannien sowie Gründer des *Hadley Centre*. Außerdem ist er der Vorsitzende der *John Ray Initiative*, einer Organisation, die Umwelt, Naturwissenschaft und Christentum miteinander verbindet, und er ist Mitbegründer einer internationalen Gesellschaft für Wissenschaft und Religion.

Dann gibt es auch Tausende von Naturwissenschaftlern in den Vereinigten Staaten, die Christen sind. Francis Collins, Leiter des Humangenomprojekts, ist einer dieser Wissenschaftler. Er hat ein mehr als zweitausend Mann starkes Team von Wissenschaftlern geleitet, die zusammengearbeitet haben, um die drei Milliarden

„Buchstaben" des menschlichen Genoms zu entziffern – das DNA-Anleitungsbuch für uns, den Menschen. Es würde einunddreißig Jahre dauern, diese Buchstaben laut vorzulesen, und jede einzelne der 100 Billionen Zellen in unserem Körper trägt sie in sich. Jedes Genom enthält so viele Informationen, dass man damit eine Bibliothek mit ungefähr fünftausend Büchern füllen könnte! Würde man alle Chromosomen aus einem einzigen Körper aneinanderlegen, würden sie sich über einhundertsechzig Milliarden Kilometer erstrecken. Allein unser Gehirn besteht aus einer Milliarde Nervenzellen. Collins spricht von einer „wirklich überzeugenden Harmonie zwischen den wissenschaftlichen und spirituellen Weltsichten"[29]. Glaubensprinzipien ergänzen die Prinzipien der Naturwissenschaft.

2007 habe ich Collins beim Nationalen Gebetsfrühstück in den Vereinigten Staaten sprechen hören. Er beendete seinen Vortrag mit den folgenden Worten:

„Zum Abschluss dieser Predigt möchte ich etwas Riskantes wagen, nämlich Sie alle einzuladen, ein Lied mit mir zu singen. Einige mögen es paradox finden, dass der Rockstar Bono – der Redner des vergangenen Jahres – über Gerechtigkeit und die Weltwirtschaft sprach und sich dabei die Chance entgehen ließ zu singen. Der Sprecher dieses Jahres – ein Wissenschaftler, den einige vielleicht für einen Langeweiler halten – beabsichtigt dagegen, zu singen und Gitarre zu spielen. Aber das Gebetsfrühstück ist ja eine Gelegenheit, wo wir alle mal aus dem Gewohnten ausbrechen können."[30]

Daraufhin sang er das folgende Lied:

„Praise the source of faith and learning
that has sparked and stoked the mind
With a passion for discerning
how the world has been designed.
Let the sense of wonder flowing
from the wonders we survey
Keep our faith forever growing
and renew our need to pray.

God of wisdom, we acknowledge
that our science and our art
And the breadth of human knowledge
only partial truth impart.
Far beyond our calculation
lies a depth we cannot sound
Where your purpose for creation
and the pulse of life are found.

As two currents in a river
fight each other's undertow
Till converging they deliver
one coherent steady flow;
Blend, oh God, our faith and learning
Till they carve a steady course.
Till they join as one, returning
praise and thanks to You, their source."[31]

[Preis die Quell' von Glaub' und Wissen
die den Geist hat so entfacht
Mit Lust und Freud zu sein beflissen
damit, wie Gott die Welt gemacht.
Lass das Staunen stetig steigen

bei den Wundern, die wir schaun
Lass den Glauben nimmer neigen
sondern beten und vertraun.

Gott der Weisheit, wir bekennen
dass unsre Kunst und Wissenschaft
und all das, was wir Einsicht nennen
nur begrenzte Wahrheit schafft.
Weit jenseits unseres Ermessens
gibt es etwas, unergründlich,
Wo der Schöpfer nichts vergessen
wo Leben sprudelt ewiglich.

Wie zwei Strömungen im Bach
den Sog des anderen abwenden
Bis sie zusammenkommen – ach! -
und die Feindschaft schnell beenden;
Zusammen führ, Herr, Glaub' und Wissen
Bis sie dich ehrn, in Einheit gehn.
Und nie mehr werden weggerissen
vom Quell, der sie doch ließ entstehn.]

Sind Glaube und Wissenschaft miteinander vereinbar?
Es sieht so aus.

II. Gibt es einen tiefgreifenden Widerspruch zwischen Wissenschaft und religiösem Glauben?

Richard Dawkins sagt: „Ich bin Wissenschaftler und glaube, dass es einen tiefgreifenden Widerspruch zwischen Wissenschaft und religiösem Glauben gibt."[32]

Bevor wir uns dieser Frage zuwenden, sollte angemerkt werden, dass es auch innerhalb der Naturwissenschaften viele Meinungsverschiedenheiten und offensichtliche Widersprüche gibt. Konflikte zwischen konkurrierenden wissenschaftlichen Ansichten sind keine Seltenheit.

Die zwei Hauptpunkte, bei denen Naturwissenschaft und Glaube angeblich in Konflikt stehen, sind erstens Wunder und zweitens Evolution und Schöpfung.

1. Wunder

Dawkins schließt sich dem Philosophen Hume an, der Wunder für einen „Verstoß gegen die Naturgesetze" hielt.[33] Folglich lehnt Dawkins Wunder ab und legt nahe, dass sie unmöglich seien. Das ist ein Zirkelschluss. Wenn Naturgesetze als etwas definiert werden, gegen das man unmöglich verstoßen kann, dann ist das Übernatürliche von vornherein ausgeschlossen. In diesem Fall kann man unmöglich an Wunder glauben, gleichgültig, wie überzeugend die Beweise sind.

1937 sagte der bedeutende deutsche Physiker Max Planck: „Wunderglaube muss vor dem beständigen und unaufhaltsamen Fortschritt der Wissenschaft weichen, und sein endgültiger Niedergang ist zweifellos nur eine Frage der Zeit."[34] Planck wollte damit sagen, dass die Wissenschaft heute Dinge erklären kann, die wir einst für Wunder hielten. Menschen, die früher an Wunder geglaubt haben, taten es demnach nur, weil sie die Naturgesetze nicht richtig kannten. Das stimmt allerdings nicht. Zu Jesu Zeiten wusste zum Beispiel jeder genauso gut wie wir, dass es für eine Jungfrau nicht „natürlich" ist, ein Kind zu gebären. Sie wussten auch, dass es nicht „natürlich" ist, wenn jemand zum Leben erwacht, der drei Tage tot gewesen ist. Wenn sie die Naturgesetze nicht gekannt hätten, dann hätten sie das Wunder ja gar nicht als solches erkannt. Wie C. S. Lewis treffend schreibt: „Der Glaube an Wunder ist nicht nur weit davon entfernt, auf der Unkenntnis der Naturgesetze zu beruhen, er ist überhaupt nur in dem Maße möglich, wie diese Gesetze bekannt sind."[35]

Wenn es um Wunder geht, lautet somit die Frage in Wahrheit: „Gibt es einen Gott?" Wenn ja, dann sind Wunder gut möglich. Wenn Gott Gott ist, dann hat er Materie, Vernunft, Raum, Zeit und alle naturwissenschaftlichen Gesetze erschaffen; da steht es ihm doch frei einzugreifen. Wenn es dagegen keinen Gott gibt, sind Wunder problematisch. Für sich genommen können Philosophie und Wissenschaft die entscheidende Frage nach der Existenz Gottes nicht beantworten. Naturwissenschaftliche Gesetze sind nicht wie die Gesetze der reinen Mathematik, die man nicht brechen kann. Naturwissenschaftliche Gesetze beschreiben vielmehr, wie sich die Dinge verhalten. Der Begriff „Wunder" wird als eine „nicht wiederholbare Gegeninstanz eines sonst nachweisbaren Naturgesetzes"[36] definiert.

Das Problem mit den Wundern tritt in „Der Gotteswahn" zutage, weil Dawkins sie nicht für möglich hält. Deswegen geht er auch gar nicht auf die Beweislage für die Auferstehung ein (die später noch genauer behandelt wird). Die Auferstehung ist der Dreh- und Angelpunkt des Christentums. Sie ist die rationale Grundlage, auf die Christen ihren Glauben bauen. Und doch befasst sich Dawkins niemals mit der Auferstehung.

2. Evolution und Schöpfung

Der zweite angebliche Konfliktbereich besteht zwischen Evolution und dem biblischen Schöpfungsbericht. Wie Professor Stephen Hawking (der wohl brillanteste Wissenschaftler dieser Generation) angemerkt hat, ist jede physikalische Theorie nur vorläufig gültig, da sie nur eine Hypothese darstellt (obwohl einige Theorien, wie zum Beispiel die Theorie der Anziehungskraft, von vielen Beweisen getragen werden).

Christen interpretieren den Schöpfungsbericht im 1. Buch Mose unterschiedlich.

Einige glauben an eine Schöpfung, die buchstäblich in sechs Tagen stattfand. Andere Christen legen 1. Mose 1 anders aus. Sie weisen darauf hin, dass das hebräische Wort für „Tag" (*Jom*) viele verschiedene Bedeutungen hat, selbst in der Bibel. Da es die Sonne bis zum vierten Tag noch gar nicht gab, meinte der Verfasser des biblischen Buches wahrscheinlich keine Zeitabschnitte von 24 Stunden.

Der Begriff *Jom* kann aber auch „eine lange Zeit" bedeuten. Aus diesem Grund steht der Schöpfungsbericht in 1. Mose nicht in Widerspruch mit aktuellen Erkenntnissen über das enorme Alter des Universums. Genauso wenig steht sie in Widerspruch zu einer allmählichen Evolution, in der Gott nicht nur den Prozess in Gang gebracht hat, sondern auch innerhalb des Prozesses am Werk war, um den Menschen hervorzubringen. Christen, die diese Sichtweise vertreten, verweisen darauf, dass die zeitliche Abfolge im 1. Buch Mose von Personen ohne jegliche wissenschaftlichen Kenntnis verfasst wurde und dennoch der Abfolge ähnelt, die von Evolutionstheoretikern vertreten wird: Die Pflanzen kommen zuerst, dann die Tiere und zum Schluss der Mensch.

Doch wozu ist das 1. Buch Mose überhaupt da und zu welcher Literaturgattung gehört es? Viele Christen halten das 1. Kapitel des 1. Buches Mose für Theologie und weniger für Wissenschaft. Ganz eindeutig ist, dass das Kapitel einen poetischen Text enthält, was aber nicht bedeutet, dass darin keine Wahrheit vermittelt werden kann. Die Wahrheit eines Gedichts ist einfach anders geartet als die Wahrheit eines Busfahrplans. Poetische Sprache kann wahr sein, ohne buchstäblich wahr zu sein. Als der Psalmist schrieb: „Der Erdkreis ist fest gegründet, nie wird er wanken" (Psalm 93,1; EÜ), verwendete er ein poetisches Bild. Die Gegner von Kopernikus irrten, als sie diese Aussage wörtlich nahmen und behaupteten, die Erde bewege sich nicht und Theorien darüber, dass die Erde sich um die Sonne drehe, müssten falsch sein.

Viele Christen meinen, dass es sich mit den ersten Kapiteln des 1. Buches Mose genauso verhält; auch sie sollten nicht wörtlich genommen werden. Eine Makroevolutionstheorie werde von vielen Beweisen untermauert und von den allermeisten Naturwissenschaftlern akzeptiert. Laut dieser Wissenschaftler ist der derzeitige Fossilienbefund nicht mit einer wörtlichen Auslegung des 1. Buches Mose vereinbar. Personen, die diesen Standpunkt vertreten, sagen, es komme in erster Linie darauf an, dass es Gott ist, der die Naturgesetze erschaffen hat und aufrechterhält – eine Natur, die sich allmählich entwickelt und schlussendlich zur Entstehung des Menschen geführt hat.

Fazit: Wissenschaft und Bibel müssen sich nicht unbedingt im Widerspruch befinden. Angesichts der Tatsache, dass vieles noch unklar ist und dass engagierte Christen unterschiedliche Meinungen vertreten, ist es unklug, bei dem Thema übermäßig dogmatisch zu sein (besonders wenn Sie – wie ich – weder Naturwissenschaftler noch Theologe sind).

Im 1. Kapitel des 1. Buches Mose geht es nicht in erster Linie ums Wann und Wie (die wissenschaftlichen Fragen), sondern ums Wer und Warum (die theologischen Fragen). Die Bibel ist nicht vorrangig ein wissenschaftliches Buch, sondern ein theologisches. Sie bietet eher eine persönliche Erklärung als eine wissenschaftliche. Die wissenschaftliche Erklärung kann die persönliche Erklärung weder beweisen noch widerlegen; vielmehr ergänzen sich beide. Selbst Stephen Hawking gibt zu: „Die Wissenschaft mag eines Tages die Frage klären, wie das Universum begonnen hat, aber sie kann nicht beantworten, warum sich das Universum überhaupt dazu bequemt zu existieren."[37]

Dr. John Lennox veranschaulicht das wie folgt:

„Stellen wir uns vor, jemand hätte einen prächtigen Kuchen gebacken, den ich einer Gruppe von weltweit führenden Naturwissenschaftlern zur Analyse vorlege. Ich bitte die besten unter ihnen um eine Erklärung für den Kuchen und sie gehen ans Werk. Ein weltberühmter Ernährungswissenschaftler tritt hervor und spricht über die Zusammensetzung der verschiedenen Zutaten des Kuchens.

Im Anschluss daran analysiert ein Biochemiker die biochemische Struktur, die den Kuchen zusammenhält.

Dann sagt ein Chemiker: ‚Das ist alles schön und gut, aber jetzt sollten wir über die wirklich grundlegenden Elemente und ihre Verbindungen sprechen.'

Nun kommt der Physiker daher und meint: ‚Meine Kollegen haben ja durchaus recht, aber man muss den Kuchen unbedingt auf die zugrundeliegenden Elektronen, Protonen und Quarks hin analysieren.'

Schließlich betritt ein Mathematiker die Bühne und sagt: ‚Letzten Endes muss man die dahinterstehenden Gleichungen verstehen, die das Verhalten all dieser Elektronen und Protonen im Kuchen beschreiben.'

Sie beenden ihre Analyse und haben eine wirklich erschöpfende Beschreibung des Kuchens geliefert.

Ich wende mich ihnen zu und sage: ‚Sehr geehrte Damen und Herren, ich habe noch eine abschließende Frage: Sagen Sie mir bitte, warum der Kuchen gemacht wurde.'

Vor ihnen steht Tante Mathilde, die den Kuchen gebacken hat. Erst wenn die Person, die den Kuchen gemacht hat, verrät, warum sie ihn gebacken hat, kann man den bestimmten Zweck des Kuchens verstehen. Alle Ernährungswissenschaftler, Biochemiker und Mathematiker zusammengenommen werden nicht in der Lage sein, diese Frage zu beantworten.

Zum Schluss sagt Tante Mathilde: ‚Ich verrate es Ihnen: Ich habe den Kuchen für meinen Neffen John gebacken. Er hat nämlich nächste Woche Geburtstag.'[38]

Dr. John Lennox bekräftigt: „Keine wissenschaftliche Analyse des Planeten, auf dem wir leben – und mag die Analyse noch so umfassend sein –, kann einem sagen, warum dieser Planet gemacht wurde. Dazu muss der

Schöpfer selbst zu Wort kommen. Fantastischerweise hat er das auch getan, und zwar durch das 1. Buch Mose."[39] Es gibt also nicht unbedingt einen Widerstreit zwischen Evolution, die den Mechanismus der Schöpfung zu beschreiben versucht, und dem 1. Buch Mose, das den Sinn und Zweck der Schöpfung beschreibt.

Die nationale Wissenschaftsakademie in den USA hat den Konflikt für illusorisch erklärt:

„Die Wurzel des vermeintlichen Konflikts zwischen manchen Religionen und der Evolution ist ein Missverständnis hinsichtlich des entscheidenden Unterschieds zwischen religiösen und wissenschaftlichen Wissensformen. Religionen und Naturwissenschaften beantworten unterschiedliche Fragen in Bezug auf die Natur. Ob das Universum oder die menschliche Existenz einen Zweck hat, das ist keine Frage für die Wissenschaften. Religiöse wie wissenschaftliche Wissensformen haben bedeutende Rollen in der Menschheitsgeschichte gespielt und werden sie auch weiterhin spielen. [...] Die Wissenschaften sind ein Weg, wie man zu Erkenntnissen über die Natur gelangen kann. Sie beschränken sich darauf, die Natur mit natürlichen Ursachen zu erklären. Die Wissenschaften können nichts über das Überirdische sagen. Zu der Frage, ob Gott existiert oder ob er nicht existiert, verhalten sich die Wissenschaften neutral."[40]

Stephen J. Gould, der Atheist von der Universität Harvard, der in der vergangenen Generation neben Dawkins wohl der meistgelesene Fürsprecher der Evolutionstheorie war, hat geschrieben:

„Durch die in der Wissenschaft legitimen Methoden kann diese sich einfach kein Urteil darüber bilden, ob Gott die Natur beaufsichtigt. Wir können dies weder bestätigen noch leugnen. Als Wissenschaftler können wir dazu einfach keine Stellung nehmen. [...] Darwin selbst war Agnostiker. Der große amerikanische Botaniker Asa Gray war gläubiger Christ. Charles D. Walcott war ein genauso standhafter Christ. Entweder ist die Hälfte meiner Kollegen ungeheuer dumm oder aber die darwinistische Wissenschaft ist genauso mit herkömmlichen Religionslehren vereinbar, wie sie mit dem Atheismus vereinbar ist."[41]

Francis Collins schreibt dazu, es gebe „keinen Konflikt zwischen einem ernsthaften Wissenschaftler und jemandem, der an einen Gott glaubt, welcher an jedem von uns interessiert ist"[42].

Daraus schließt er: „Also müssen diejenigen, die sich für den Atheismus entscheiden, eine andere Grundlage für ihre Position finden. Die Evolution ist es jedenfalls nicht."[43]

Damit stimmt er mit Albert Einstein, dem vielleicht größten Wissenschaftler aller Zeiten, überein, der gesagt hat: „Einen legitimen Konflikt zwischen Religion und Wissenschaft kann es nicht geben."[44]

Sir John Houghton schreibt: „Indem sie den Erweis erbringen wollen, dass die Naturwissenschaft Gott widerlegt habe, begeben sich Dawkins und andere außerhalb der wissenschaftlichen Grenzen. Genau genommen missbrauchen sie die Wissenschaft [...]. Die Auffassung, dass die Naturwissenschaft uns die ganze Geschichte erzählt, ist überaus engstirnig."[45]

Muss es daher unbedingt einen tiefgreifenden Widerspruch zwischen Naturwissenschaft und religiösem Glauben geben? Die Fakten sprechen dagegen.

III. Reicht die Wissenschaft?

Richard Dawkins vertritt die Auffassung, dass die Wissenschaft auf jede Frage eine Antwort finden kann. Dagegen sagte Albert Einstein: „Wissenschaft ohne Religion ist lahm, Religion ohne Wissenschaft ist blind."[46] Ihm zufolge gibt es einen Zusammenhang zwischen beiden. Und in der Bibel schreibt der Psalmist:

„Der Himmel erzählt die Herrlichkeit Gottes, und das Himmelsgewölbe verkündet seiner Hände Werk. Ein Tag sprudelt dem anderen Kunde zu, und eine Nacht meldet der anderen Kenntnis – ohne Rede und ohne Worte, mit unhörbarer Stimme. Ihre Messschnur geht aus über die ganze Erde und bis an das Ende der Welt ihre Sprache. Dort hat er der Sonne ein Zelt gesetzt" (Psalm 19,2–5).

Der Psalmist fasst seinen Glauben daran in Worte, dass Gott sich uns in der Schöpfung offenbart. Diesen Gedanken führt er dann weiter: „Das Gesetz des Herrn ist vollkommen und erquickt die Seele" (Psalm 19,8). Wir brauchen Wissenschaftler, die erkunden, in welcher Weise Gott sich in der Schöpfung offenbart, aber wir brauchen auch Theologen, die erkunden, in welcher Weise Gott sich uns in der Bibel offenbart. Somit finden wir Antworten auf Fragen, die uns die Naturwissenschaften allein nie beantworten können.

In vielen Sprachen ist im Begriff „Wissenschaft" die ursprüngliche Bedeutung des lateinischen Wortes *scientia* erhalten geblieben (beispielsweise engl. und fr. *science*), was „Wissen" bedeutet.[47] Deswegen wurde die Theologie auch als die „Königin" der Wissenschaften bezeichnet, macht sie sich doch alle Arten des Wissens zu eigen. Dem ungeachtet hält Dawkins die Theologie nicht einmal einer genauen Betrachtung wert und auf keinen Fall solle sie an Universitäten unterrichtet werden. Dabei umspannte Theologie ursprünglich alle Wissenschaften, einschließlich der Naturwissenschaften, auf die Dawkins einen solchen Wert legt.

Wenn wir über „Wissenschaft" im engeren Sinne reden – so wie Dawkins sie versteht –, dann gibt es ernst zu nehmende Fragen, die von der Wissenschaft nicht beantwortet werden können.

1. Wie kommt es, dass es „eher Etwas als Nichts" gibt?[48]

Selbst Atheisten geben zu, dass wir die Antwort auf diese Frage nicht kennen. Sam Harris schreibt: „Die Wahrheit ist, dass niemand weiß, wie oder warum das Universum entstand. [...] Jeder aufrechte Geist wird zugeben, dass er nicht weiß, warum das Universum existiert."[49] In seiner Fernsehdokumentation *The Root of All Evil* („Die Wurzel alles Bösen") räumt Dawkins ein, dass die Naturwissenschaft den Ursprung des Universums „nicht erklärt" hat.[50] Der große Philosoph Ludwig Wittgenstein hat gesagt: „Nicht wie die Welt ist, ist das Mystische, sondern *dass* sie ist."[51] Oder wie Alister McGrath es ausdrückt: „Die einzige unausweichliche und höchst wahrscheinliche Tatsache in Bezug auf diese Welt lautet: Wir sind reale, denkende Wesen."[52] Sir Peter Medawar, ein Immunologe aus Oxford, Medizin-Nobelpreisträger und (wie Dawkins) bekennender Rationalist, schreibt:

„Die Wahrscheinlichkeit ist sehr hoch, dass der Naturwissenschaft in der Tat Grenzen gesetzt sind, da es Fragen gibt, die sie nicht beantworten kann und auch nie dazu in der Lage sein wird, egal, welchen auch nur erdenklichen Fortschritt die Wissenschaft macht. [...] Ich denke da an Fragen wie:

Wie hat alles begonnen?
Wofür sind wir alle hier?
Was ist der Sinn des Lebens?"[53]

Eine solche Diskussion kann aufkommen, wenn ein fünfjähriges Kind fragt: „Wer hat Gott gemacht?" Dawkins ist Teil einer scheinbar ausgeklügelteren Debatte, in der es um die Frage geht: „Wenn man von der Hypothese ausgeht, dass Gott existiert – wer hat dann Gott geschaffen?" Der Gott, an den wir als Christen glauben, ist jedoch kein erschaffener Gott; er ist ein aus sich selbst heraus existierender Gott, der Gott, der sich selbst als „Ich bin der ich bin" zu erkennen gibt. Gott ist transzendent.

Natürlich kann man sich einen ewigen Gott, der schon immer da gewesen ist, nur schwer vorstellen. Aber Dawkins' Vorschlag ist genauso unbegreiflich: dass alles um uns herum aus dem Nichts entstanden ist. Da liegt die Frage nahe: Woran kann man leichter glauben? An einen Gott, der etwas aus dem Nichts erschaffen hat, oder an ein Nichts, das etwas anderes aus dem Nichts erschaffen hat?

Francis Collins schreibt: „Ich kann nicht erkennen, wie sich die Natur von selbst erschaffen haben sollte. Nur eine übernatürliche Kraft außerhalb von Raum und Zeit könnte das geschafft haben."[54] Weiterhin sagt er:

„Die große und unausweichliche Schwäche von Dawkins' Forderung, dass Wissenschaft Atheismus verlange, ist, dass sie über die Beweislage hinausgeht. Wenn Gott außerhalb der Natur steht, kann Wissenschaft seine Existenz weder beweisen noch dementieren. Atheismus muss deshalb selbst als eine Form blinden Glaubens betrachtet werden, weil er ein Glaubenssystem errichtet, das nicht durch die reine Vernunft ergründet werden kann."[55]

2. Warum ist im Universum alles so gut aufeinander abgestimmt?

Eine der unglaublichsten Tatsachen des Universums ist seine Feinabstimmung. Stephen Hawking schreibt dazu:

„Wäre die Dichte des Universums eine Sekunde nach dem Urknall auch nur ein Tausendstel multipliziert mit einer Milliarde höher gewesen, wäre das Universum nach zehn Jahren wieder in sich zusammengefallen. Wäre die Dichte des Universums hingegen zu dem Zeitpunkt um die gleiche Summe niedriger gewesen, wäre das Universum nach zehn Jahren im Grunde leer gewesen. Wie kam es dazu, dass die ursprüngliche Dichte

des Universums so sorgfältig gewählt wurde? Vielleicht gibt es einen Grund, warum das Universum genau die erforderliche Dichte hat."[56]

Dr. Polkinghorne erläutert die Wahrscheinlichkeit, dass im Universum alles derart gut aufeinander abgestimmt ist:

„Im Anfangsstadium der Ausdehnung des Universums müssen die Expansionskraft (die Dinge auseinandertreibt) und die Anziehungskraft (die Dinge zusammenzieht) relativ ausgeglichen gewesen sein. Wenn die Ausdehnung die Überhand gewinnen würde, dann würde sich die Materie so schnell voneinander entfernen, dass sie sich nicht zu Galaxien und Sternen formen könnte. In derart dünn ausgesäten Welten könnte nichts Interessantes passieren. Wenn dagegen die Anziehungskraft die Überhand gewinnen würde, würde die Welt in sich zusammenfallen, bevor der Werdegang des Lebens seinen Lauf nehmen könnte.

Unsere Existenz erfordert eine Symmetrie zwischen den ausdehnenden und anziehenden Kräften, die in den ersten Augenblicken der Geschichte des Universums (der Planck-Zeit) nicht mehr als $1:10^{60}$ von absoluter Ausgeglichenheit abweichen dürfen. Wer gut rechnen kann, wird über solch hohe Exaktheit staunen. Für die mathematisch weniger Begabten mag ein Beispiel von Paul Davis helfen, um zu zeigen, wie exakt das ist. Er führt an, dass das so sei, als würde man eine ca. 1 Zentimeter große Zielscheibe aus zehntausend Millionen Lichtjahren Entfernung anvisieren und treffen!"[57]

Wie Hawking sagt: „Die Wahrscheinlichkeit, dass ein Universum wie das unsrige aus so etwas wie einem Urknall hervorkommt, ist verschwindend gering. Ich denke, das hat auf jeden Fall religiöse Schlussfolgerungen."[58]

Richard Dawkins erkennt diese Problematik an. Er stimmt insofern damit überein, dass er sagt: „Wären die physikalischen Gesetze und Konstanten auch nur geringfügig anders, hätte sich das Universum so entwickelt, dass Leben nicht möglich gewesen wäre."[59]

Wie geht er aber nun mit diesem Problem um? Immerhin hat er ja Gottes Eingreifen ausgeschlossen. Er gibt zu: Das Universum kann nicht einfach so entstanden sein, aber vielleicht ist es dennoch passiert, weil es eben viele Versuche gegeben hat. Das Universum könnte sich unzählige Male ausgeweitet und wieder zusammengezogen haben, bis es genau die richtigen Werte erreichte. Allerdings habe die Wissenschaft diese Möglichkeit inzwischen widerlegt, sagt er.

Die andere von ihm vorgeschlagene Möglichkeit besteht darin, dass es Milliarden von Universen gibt und wir eben in dem Universum leben, in dem die Anforderungen genau erfüllt werden.[60] Wenn sich Dawkins jedoch für die „Viele-Welten-Hypothese" entscheidet, welchen Beweis hat er dafür, dass es tatsächlich Milliarden von Universen gibt? Eine solche Hypothese basiert ganz eindeutig auf blindem Glauben.

3. Warum kann die Wissenschaft
unsere tiefsten Bedürfnisse nicht stillen?

Die Wissenschaft spielt eine ganz wichtige und wertvolle Rolle. Doch wenn man das Leben reduktionistisch angeht – das heißt, es aufs Materielle reduziert –, dann gelangt man letztendlich zur gleichen Schlussfolgerung wie Dawkins: dass nämlich das Leben leer ist. Dawkins zitiert Bertrand Russell, der gesagt hat: „Ich glaube, dass ich verwesen werde, wenn ich sterbe, und dass nichts von meinem Ego übrig bleibt."[61] Katharine Tait, Bertrand Russells Tochter, veröffentlichte ein Buch mit dem Titel *My Father Bertrand Russell* („Mein Vater, Bertrand Russell"), worin sie schrieb: „Irgendwo im Hinterkopf meines Vaters und im tiefsten Grund seines Herzens, in der Tiefe seiner Seele, gab es eine Leere, die einmal mit Gott gefüllt war, und mein Vater hat nie einen Ersatz gefunden, mit dem er sie füllen konnte."[62]

Man kann das Leben nicht auf die Naturwissenschaften reduzieren. Über die Wertschätzung von Musik schreibt Polkinghorne: „Wenn wir das Mysterium der Musik als Beispiel heranziehen, wird die Armseligkeit eines objektivistischen Erklärungsansatzes nur allzu deutlich: Aus wissenschaftlicher Sicht ist Musik nichts weiter als Luftvibrationen, die aufs Trommelfeld auftreffen und Nervenreize im Gehirn auslösen [...]. [Doch] die Wissenschaft ist nicht der einzige Weg der Erkenntnis."

In seinem Buch *In God We Doubt: Confessions of a Failed Atheist* („Auf Gott setzen wir unsere Zweifel: Bekenntnisse eines gescheiterten Atheisten") bemängelt John Humphrys den Atheismus von Dawkins:

„Biologen wie Richard Dawkins wissen tausendmal mehr, als die meisten von uns je über die Funktionsweise unseres Körpers und unsere Entstehungsgeschichte wissen werden [...]. Aber der Mensch besitzt zum Teil auch etwas Geheimnisvolles, an dem viele Wissenschaftler interessanterweise so wenig Interesse zeigen. Wir haben eine Seele, einen Geist, ein Bewusstsein oder wie auch immer man es nennen möchte [...]. Wir sind mehr als nur die Summe unserer Gene – seien sie nun egoistisch oder nicht.[63] Wir spüren, dass unsere Großherzigkeit, das Wunder der selbstlosen Liebe, das Aufopfern etwas Spirituelles haben, das unser bewusstes Verstehen übersteigt.“[64]

Humphrys zitiert Giles Fraser, einen anglikanischen Pfarrer, der sagte:

„Zu heiraten und mich der Liebe zu verpflichten kommt dem Glauben am nächsten, weil man dabei das gleiche Risiko eingeht. Könnte jemand wie Dawkins nicht genauso gut schlagende Argumente dafür liefern, dass die Liebe nur Fiktion ist, eine Zweckmäßigkeit menschlicher Bedürfnisse, eine Zweckmäßigkeit von Biologie und egoistischen Genen? [...] Es liegt ein grundlegender Irrtum in der Annahme, man könne die Liebe einfach auf die Chemie des Gehirns reduzieren.“[65]

Wissenschaftlich gesehen ist ein Kuss nichts weiter als das Zusammentreffen zweier Lippen, die Kohlensäure und Mikroben austauschen. Aber wenn das alles wäre, hätten sich die Menschen nie geküsst. In einem Kuss liegt mehr und in der Liebe auf jeden Fall auch.

Die wissenschaftliche Definition wird einem Kuss, der Liebe oder der geistlichen Welt nicht gerecht. J. B. Philipps hat geschrieben: „Für den wissenschaftlich Gesinnten ist Gott bedauerlicherweise mit rein wissenschaftlichen Methoden nicht feststell- oder beweisbar. Aber in Wirklichkeit beweist das überhaupt nichts; es zeigt nur, dass die falschen Instrumente benutzt werden."[66]

Ich bin nicht als Christ aufgewachsen. Viele Jahre lang war ich Atheist und habe dasselbe geglaubt wie Richard Dawkins (wenn auch auf einem viel einfacheren intellektuellen Niveau). Ich glaubte, dass die Welt vom Umfeld und unseren Genen bestimmt wird. Selbstlose Liebe gab es meiner Meinung nach überhaupt nicht. Erst später im Leben, als ich mir die Belege dafür anschaute, dass Jesus wirklich der war, der er zu sein behauptete, begann ich, an ihn zu glauben. Dawkins sagt, dass Menschen nur deshalb Christen sind, weil sie so erzogen werden. Er vergleicht den christlichen Glauben mit dem Glauben an den Weihnachtsmann: Als Kind mag einem dieser Glaube vermittelt worden sein, aber man wächst bei normaler Entwicklung aus ihm heraus. Doch wie viele Menschen kennen Sie, die als Erwachsene an den Weihnachtsmann zu glauben begannen, ohne davor an ihn geglaubt zu haben? Der Glaube an Christus ist also etwas anderes. Wie erklärt es sich Dawkins vor diesem Hintergrund, wenn Menschen erst im Erwachsenenalter Christen werden?

Als ich mich dafür entschied, an Jesus zu glauben, merkte ich, dass so viel mehr zum Leben gehörte, als ich vorher angenommen hatte. Mein Glaube hat mein intellektuelles Leben nicht verschlossen. Vielmehr gewann ich ganz neues Interesse an meiner Umwelt, weil ich sie nun als Schöpfung Gottes betrachtete. Durch meine Gottesbeziehung gewann die Welt einen neuen Zauber und stieg in meiner Wertschätzung. Ich entdeckte, wie wertvoll jeder einzelne Mensch ist, weil jeder Mensche ein von Gott geschaffenes Individuum ist. Mein Glaube hat mir neue Liebe für andere Menschen geschenkt sowie den Wunsch in mir geweckt, mich um die Bedürfnisse der Menschen zu kümmern. In dieser Welt gibt es nichts Besseres, als Jesus Christus zu kennen, der die Wahrheit ist und durch den die ganze Schöpfung ins Dasein gekommen ist.

Als ich diese Bücher von führenden Atheisten wie Dawkins las, war ich so dankbar, dass ich Jesus Christus kennengelernt und einen Sinn für mein Leben gefunden hatte.

Kapitel 2

▶▶ Ist Religion eher schädlich als nützlich?

Einleitung

In meiner Heimatgemeinde, der *Holy Trinity Brompton* in London, beten wir für verschiedene Gruppierungen von Gemeindemitgliedern. Neulich kamen wir zusammen, um für Personen zu beten, die sich in der Politik engagieren, in der Regierung sitzen oder in der Öffentlichkeit stehen. Unter den Versammelten waren vier Mitglieder des Parlaments, zwei leitende Polizeibeamte nebst anderen Polizisten, Mitglieder des Auswärtigen Amtes und weitere Staatsbedienstete.

Als wir uns im Anschluss an das Gebet noch unterhielten, wurde deutlich, dass diese Christen es schwierig finden, heutzutage in der Öffentlichkeit tätig zu sein. Einer der Beamten sagte, dass einer seiner Vorgesetzten zur Britischen Humanistengesellschaft gehöre und begeisterter Verfechter von Dawkins' Ansichten sei. Dieser Mann vertritt die Auffassung, dass man gläubige Menschen vom öffentlichen Dienst fernhalten sollte, und er wurde gerade in einen Ausschuss versetzt, der für die Einstellung neuer Mitarbeiter verantwortlich ist. Vor Kurzem hat ein liberaler Parlamentsabge-

ordneter die Mitglieder der christlichen Gesundheits-
gemeinschaft angegriffen, die vor der Kommission für
Wissenschaft und Technik aussagen sollten. Der Abge-
ordnete meinte, dass ihre Aussagen von ihrem religiösen Glauben beeinträchtigt werden würden. Das bedeutet im Grunde, dass wissenschaftliche Beweise, die
von Christen verfasst werden, einfach vom Tisch gefegt
werden können. Dabei werden unsere Ansichten doch
immer auch von unserem Glauben beeinflusst, gleichgültig, ob dieser nun humanistisch, atheistisch, christlich, islamisch oder sonst irgendwie geprägt ist.

An Universitäten, an Schulen und im Berufsleben
begegnen viele Menschen einer zunehmenden Antipa-
thie gegen religiösen Glauben. Viele berichten von Er-
lebnissen im Bildungs- und Justizwesen, unter Medizinern und in anderen Berufen, bei denen es sehr schwer
ist, heutzutage noch offen zu sagen, dass man Christ
ist. Es ist nahezu unmöglich, den christlichen Glauben auszuleben, ohne dabei auf Hindernisse zu stoßen.
Eine derartige Feindseligkeit ist in unserer Gesellschaft
relativ neu. Tobias Jones schrieb dazu in der Zeitung
The Guardian: „Bis vor wenigen Jahren war Religion
wie weiche Drogen: Beim Privatgebrauch drückte man
ein Auge zu, aber wehe dem, der beim Dealen erwischt
wurde."[67] Der Zeitgeist macht einen Wandel durch.
Möglicherweise zum ersten Mal seit Kaiser Konstantin
im 4. Jahrhundert werden westeuropäische Christen in
die Defensive gedrängt. Es wird nicht mehr als gegeben
angenommen, dass Kirchen etwas Gutes sind und einen
positiven Beitrag zu unserer Gesellschaft leisten. Das
wirft die Frage auf: „Ist Glaube wirklich etwas Gutes
oder ist er vielleicht sogar schädlich?" Diese Diskussion

hat weitreichende Folgen für unsere Gesellschaft, für die Kirche und für den ganz gewöhnlichen Christen.

Die Fragen: „Hat die Wissenschaft die Existenz Gottes widerlegt?", „Ist Religion eher schädlich als nützlich?" und: „Widerspricht Glaube der Vernunft?" führen alle zu der entscheidenden Frage: „Bietet Religion Wahrheit?" Richard Dawkins zufolge bietet sie dies nicht und Gott ist lediglich eine Wahnvorstellung. Aber er geht noch weiter.

Einige haben ihm entgegengehalten: „Na schön, Religion bietet uns vielleicht keine absolute Wahrheit, aber Glaube ist doch trotzdem etwas Gutes. Er macht Menschen glücklicher und besser. Warum können wir die Leute nicht einfach in Ruhe lassen?"

Darauf antwortete er: „Weil es besser ist, sich den nackten Tatsachen zu stellen, als in falscher Hoffnung zu verharren." Damit hat er durchaus recht. Allerdings fügt er dem hinzu, dass Glaube keinen positiven Einfluss auf Menschen habe; ja, er glaubt sogar, dass „Glaube eines der größten Übel in der Welt"[68] sei. Dawkins' Fernsehdokumentation über Religion trug den Titel *The Root of All Evil,* also „Die Wurzel alles Bösen". Darin übt er besonders harsche Kritik am Islam und weist darauf hin, dass die Ereignisse des 11. September 2001 für ihn der Auslöser waren, Farbe zu bekennen.

Aber Dawkins beschränkt seine Kritik nicht auf den Islam, sondern attackiert auch das Christentum aufs Schärfste, weil der Gott der Bibel angeblich ein „böses Ungeheuer" ist und weil religiöse Menschen viel Schaden anrichten und wenig Gutes tun. Dawkins behauptet, dass Religion zu den großen Übeln dieser Welt gehöre und es deswegen eine Form des Kindesmissbrauchs sei, seine Kinder religiös zu erziehen. Seiner Meinung nach sollten wir alles daransetzen, Religion auszurotten.

Dawkins greift zwar die Religion als Ganzes an, ich möchte mich in meiner Antwort aber auf seine Kritik am Christentum konzentrieren. Dadurch möchte ich jedoch weder andere Religionen verteidigen, noch Kritik an ihnen üben. C. S. Lewis hat Folgendes gesagt:

„Als Christ braucht man nicht zu glauben, alle anderen Religionen seien durch und durch falsch. Ein Atheist muss davon ausgehen, dass alle Religionen dieser Welt in ihrem Kern ein einziger großer Irrtum sind. Dem Christen steht es frei zu glauben, dass selbst die abstrusesten Religionen zumindest ein Körnchen Wahrheit enthalten. Solange ich Atheist war, musste ich mir immer einreden, der größte Teil der Menschheit habe sich in der für ihn wichtigsten Frage ständig im Irrtum befunden. Doch als ich Christ wurde, konnte ich die Dinge großzügiger betrachten."[69]

Als Erwiderung auf die Frage, ob der christliche Glaube schädlich ist, möchte ich zunächst meine Übereinstimmung mit sechs Punkten bekunden, bei denen es um die potenzielle Gefährlichkeit der Religion geht:

1. Die selbsternannten Atheisten haben durchaus recht: Einige Religionsformen können gefährlich und schädlich sein, zum Beispiel der Satanismus, das heißt Teufelsanbetung.
2. Sie haben recht, dass im Namen der Religion schreckliche Dinge getan wurden, zum Beispiel der

Terrorangriff am 11. September 2001 auf die Türme des *World Trade Centers* in New York.

3. Sie haben recht, dass auch im Namen des Christentums schreckliche Dinge getan wurden, zum Beispiel die Kreuzzüge. (Der Wissenschaftler Francis Collins spricht vom scheinheiligen Benehmen derer, „die ihren Glauben vor sich hertragen", erinnert uns aber daran, „dass das reine Wasser der geistigen Wahrheit in den rostigen Behältnissen namens Mensch transportiert wird"[70].)

4. Sie haben recht, dass es einige sehr schwierige Bibelstellen gibt, besonders im Alten Testament, die nicht leicht zu interpretieren sind.

5. Sie haben recht, dass es eine Form der religiösen Erziehung gibt, die missbräuchlich sein kann.

6. Sie haben recht, wenn sie die Frage aufwerfen: „Ist Religion schädlich?" Natürlich ist das der Wahrheitsfrage der Religion untergeordnet, aber es ist trotzdem eine ganz grundlegende Frage. Denn wenn das Christentum viel Schaden anrichtet und wenig Gutes tut, dann ist wahrscheinlich auch nichts „dran". Zumindest wäre es verwunderlich, wenn es das wäre. Wenn es dagegen viel Gutes tut und eher wenig Schaden anrichtet, dann ist es zwar noch lange nicht wahr, aber es stimmt zumindest mit dem überein, was man erwarten dürfte.

Im Folgenden wollen wir uns den Tatsachenbestand dieser Behauptungen näher anschauen und wieder drei entscheidende Fragen stellen.

Richard Dawkins hält den Gott der Bibel für ein Ungeheuer:

„Der Gott des Alten Testaments ist – das kann man mit
Fug und Recht behaupten – die unangenehmste Gestalt
in der gesamten Literatur: Er ist eifersüchtig und auch
noch stolz darauf; ein kleinlicher, ungerechter, nachtra-
gender Überwachungsfanatiker; ein rachsüchtiger, blut-
rünstiger ethnischer Säuberer; ein frauenfeindlicher,
homophober, rassistischer, Kinder und Völker morden-
der, ekliger, größenwahnsinniger, sadomasochistischer,
launisch-boshafter Tyrann."[72]

John Humphrys kommentierte diese Aussage mit der
Anmerkung, dass Dawkins bei der Aneinanderreihung
der Adjektive eindeutig einen Thesaurus zu Rate gezo-
gen hat.[73] Und eine andere Person meinte: „Wir wollen nur hoffen, dass Gott das Kompliment nicht erwidert!"[74] Ohne Frage gibt es Bibelstellen – besonders
im Alten Testament –, die wirklich schwer verständlich sind und die man nicht so einfach auslegen kann.
Nur wurde diese Problematik nicht erst kürzlich von
der Wissenschaft entdeckt. Die schwierigen Bibelstellen sind immer schon da gewesen und sind oft und viel
diskutiert worden.

Eines von vielen Beispielen liegt mehr als 200 Jahre
zurück. 1795 gebrauchte Thomas Paine in seinem
Buch „Das Zeitalter der Vernunft" Formulierungen, die
Dawkins' Worten durchaus ähneln:

„Wenn wir von den grausamen und qualvollen Hinrichtungen lesen, von der unerbittlichen Rachsucht, mit der ein Großteil der Bibel gefüllt ist, dann wäre es folgerichtiger, es das Wort eines Dämonen zu nennen als das Wort Gottes. Die Bibel ist eine Geschichte der Bosheit, die dazu gedient hat, die Menschheit zu verderben und verrohen zu lassen. Was mich betrifft, so verabscheue ich sie von Herzen, genau wie ich jede Form der Grausamkeit verabscheue."[75]

Wie sollen wir darauf reagieren?

1. Nehmen Sie die gesamte Bibel unter die Lupe

Viele Atheisten sind höchst selektiv in der Auswahl der Bibelstellen, die sie kritisieren. So sind die Passagen in den fünf Büchern Mose, die Richard Dawkins schockierend findet, von anderen Aussagen umgeben, in denen es um Vergebung, Mitleid, Gastfreundschaft gegenüber Fremden und das Verbot der Kindesopferung geht. Diese Stellen ignoriert er jedoch. Dawkins lässt ebenfalls die gesamte große prophetische Literatur außer Acht, in der immer wieder soziale Gerechtigkeit und die Versorgung der Armen angesprochen werden. Er ignoriert die Weisheit der Sprichwörter und die wunderbare Poesie der Psalmen. Die Bibel beinhaltet einige der größten Werke der Weltliteratur – „Einsichten, die noch heute die menschliche Suche nach moralischen Werten formen und bereichern"[76].

Seit ich vor mehr als dreißig Jahren Christ geworden bin, habe ich mich bemüht, jedes Jahr die Bibel einmal durchzulesen, und ich finde darin den von Richard

Dawkins beschriebenen Gott einfach nicht wieder. Ich glaube ganz bestimmt nicht an diesen Gott, den er uns vor Augen malt. Der Gott, den ich in der Bibel entdecke, ist vollkommen anders. Er ist ein Gott der Liebe; ein Gott, dessen Liebe für uns so hoch ist wie der Himmel über der Erde; ein Gott, dessen Erbarmen dem Erbarmen von Eltern gleicht, die sich um ihre Kinder kümmern. Er ist ein Gott der Gerechtigkeit und der Liebe, ein Gott der Güte und Barmherzigkeit, ein Gott der Gnade und des Mitleids (siehe Psalm 103,11–13).

Die Bibel zu lesen ist keine wissenschaftliche Übung, sondern der Ausdruck einer Beziehung. Beim Glauben geht es darum, sein Vertrauen auf Gott zu setzen, der durch sein Wort zu uns spricht. Gott hat sich uns in der Bibel offenbart. Jesus sagte: „Ihr erforscht die Schriften, denn ihr meint, in ihnen ewiges Leben zu haben, und sie sind es, die von mir zeugen; und ihr wollt nicht zu mir kommen, damit ihr Leben habt" (Johannes 5,39–40).

2. Beachten Sie die Grundsätze der Auslegung

Literatur muss immer entsprechend der jeweiligen Gattung gelesen werden. Beim Lesen müssen wir uns immer wieder die Frage stellen: „Mit welcher Art von Literatur habe ich es zu tun? Handelt es sich um Geschichtsschreibung, Poesie oder eine Allegorie?" Entsprechend müssen wir auch bei unserer Bibellese die verschiedenen Literaturgattungen zu unterscheiden lernen.[77] Die Bibel besteht nicht nur aus didaktischen Ermahnungen. Einige Teile halten einfach nur geschichtliche Ereignisse fest, ohne explizit anzumerken, ob sie

„falsch" oder „richtig" waren. Manchmal hält Dawkins eine geschichtliche Aufzeichnung fälschlicherweise für eine christliche Lehre.[78]

Er scheint zu denken, dass jeder die Bibel ursprünglich wörtlich verstand. Dann kam die Wissenschaft daher und zeigte, dass einige Abschnitte nicht wörtlich interpretiert werden können, und fortan wurden sie allegorisch ausgelegt. Das stimmt allerdings nicht. Im 3. Jahrhundert hat Origenes von Alexandrien (185–254 n. Chr.) große Teile der Bibel allegorisch interpretiert, erheblich mehr, als wir es heute tun würden. Wir würden sogar sagen, dass seine allegorisch ausgelegten Stellen eher wörtlich interpretiert werden sollten.

Professor Nicholas Lash, ein katholischer Schriftsteller, sagt dazu:

„Was ich zuvor als Richard Dawkins' umgekehrten Fundamentalismus beschrieben habe, tritt hier deutlich zutage. Es ist ein eigentümliches Beharren darauf, dass man einen biblischen Text nur dadurch ernst nehmen kann, dass man ihn wörtlich nimmt. Ihn zum Beispiel allegorisch zu interpretieren bedeute, dass man ihn als irrelevant abtue. Hinter all dem steht die Annahme, dass Wahrheit nur durch prosaische, direkte Beschreibungen vermittelt werden kann und dass alle anderen Literaturgattungen Fiktionen sind, die unmöglich Wahrheit vermitteln können."[79]

Wenn man die Bibel auslegen will, sollte man auch das Prinzip der schrittweisen Offenbarung verstehen. Sprich, die Bibel vermittelt uns ein Gottesverständnis, das sich über viele Jahre hinweg entfaltet und in Jesus

Christus seinen Höhepunkt erreicht. Der Verfasser des Hebräerbriefes sagt: „Nachdem Gott vielfältig und auf vielerlei Weise ehemals zu den Vätern geredet hat in den Propheten, hat er am Ende dieser Tage zu uns geredet im Sohn" (Hebräer 1,1–2). Das Wesen Gottes ist somit in Jesus offengelegt; er ist das Bild des unsichtbaren Gottes (Kolosser 1,15), und er ist die Erfüllung des Alten Testaments, des Gesetzes und der Propheten.

3. Lesen Sie die Bibel durch die „Jesus-Brille"

Als Christen glauben wir, dass Jesus das Bild des unsichtbaren Gottes ist. Jesus sagte: „Wer mich gesehen hat, hat den Vater gesehen" (Johannes 14,9). Im Lukasevangelium, Kapitel 24, Vers 27 lesen wir: „Und von Mose und von allen Propheten anfangend, erklärte er [Jesus] ihnen in allen Schriften das, was ihn betraf." Indem wir die Bibel durch die Jesus-Brille betrachten, wird auch aus dem Alten Testament eine christliche Schrift. Wir sollten das Alte Testament vor dem Hintergrund des Lebens, des Charakters, des Todes und der Auferstehung Jesu sehen. Man bedenke zum Beispiel den Tod Jesu: Jesus war nicht gewalttätig, sondern hat Gewalt über sich ergehen lassen. Er hat sein Leben als Lösegeld für uns gegeben. Von diesem Gesichtspunkt aus gewinnen viele Passagen im Alten Testament eine andere Bedeutung.

Außerdem müssen wir die Bibel vom Standpunkt der Lehren Jesu betrachten. Jesus sagte: „Und wie ihr wollt, dass euch die Menschen tun sollen, tut ihnen ebenso!" (Lukas 6,31), „Du sollst deinen Nächsten lieben wie dich selbst" (Matthäus 22,39), „Liebt eure Feinde, und betet für die, die euch verfolgen" (Matthäus 5,44). Das ist die Brille, durch die wir das Alte Testament interpretieren sollten.

Weiterhin ist zu bedenken, dass Jesu Lehren das Fundament unserer gesamten westlichen Zivilisation bilden. Sie haben eine Moralstruktur errichtet und definiert, was Recht und Unrecht, Gut und Böse ist. Richard Dawkins und andere Personen, die seine Überzeugungen teilen, stellen das auf den Kopf. Dawkins schreibt: „Ich habe die Sühne, die zentrale Doktrin des Christentum, als bösartig, sadomasochistisch und abstoßend bezeichnet. Eigentlich könnten wir sie auch als völlig verrückt abtun [...]."[80] In ähnlicher Weise meint Christopher Hitchens, dass das Gebot, seinen Nächsten wie sich selbst zu lieben, in der Praxis „zu extrem und strapaziös" sei. „Menschen sind nicht so beschaffen, dass sie sich um andere genauso kümmern wie um sich selbst."[81] Bei einer Debatte, die vor Kurzem stattfand, ist Christopher Hitchens noch weiter gegangen und hat gesagt: „Der kranke Gedanke, dass wir unsere Feinde lieben sollen – nichts, absolut nichts könnte selbstmörderischer oder unmoralischer sein."[82]

Das Problem ist Folgendes: Wenn wir nur das Produkt unserer Gene oder unseres Umfelds sind oder wenn wir nach der Pfeife unserer DNA tanzen[83], dann haben absolute moralische Standards keinen Platz mehr. Eine klare Definition von Recht und Unrecht, Gut und Böse gibt es dann nicht mehr. Moral wird zu etwas völlig Subjektivem.

Rod Liddle schrieb in seiner Rezension von „Der Gotteswahn" in der Zeitung *Sunday Times*:

„Nirgends aber schlagen Atheisten mit größerer Unwirksamkeit um sich als in ihrem Versuch, das, wie Sartre es genannt hat, ‚gottförmige Vakuum' in uns allen zu stopfen: unser Bedürfnis, an etwas zu glauben, aus dem wir unsere Moralvorstellung schöpfen.[84] Atheisten drehen und winden sich, wenn man sie mit der Tatsache konfrontiert, dass politische Systeme, die die Religion abgeschafft und durch ein angeblich von der Vernunft gesteuertes Bekenntnis ersetzt haben (dem häufig das Wort ‚wissenschaftlich' beigefügt wurde), zum Schluss mehr Menschen umgebracht haben, als Tomás Torquemada (1420–1498) sich je hätte träumen lassen. Es ist eindeutig, dass dieses Vakuum immer mit etwas gefüllt wird – und es scheint, als neige dieses Etwas besonders zur Boshaftigkeit, je erklärtermaßen ‚wissenschaftlicher' es ist. Dawkins gesteht dieses Bedürfnis ein und köchelt sich zehn Gebote zusammen. Anstatt nicht zu töten, zu stehlen oder die Frau seines Nächsten zu begehren, wartet er mit Sachen auf wie: ‚Beurteile die Zukunft nach einem Zeitmaßstab, der größer ist als dein eigener', oder: ‚Erfreue dich an deinem eigenen Sexualleben (solange es keinem anderen Schaden zufügt).' Das sind die Zehn Gebote, die uns, nun, nicht in Stein gemeißelt gegeben wurden, aber vielleicht mit organischem Tofu. Sie sind lächerlicher als jede Parodie und die potenzielle Lebensdauer dieser ‚Verhaltensgrundsätze' kann eher in Jahren als in Jahrtausenden gemessen werden."[85]

Wenn man den absoluten Standard beseitigt, bleibt nur der Utilitarismus übrig; und utilitaristische Ethik hat besorgniserregende Konsequenzen. In dem Nach-

wort zu John Brockmans Buch „Was ist Ihre gefährliche Idee?" hatte Dawkins Folgendes über das Thema
„Eugenik" zu sagen:

*„Ich frage mich, ob wir etwa sechzig Jahre nach Hitlers
Tod nicht wenigstens einmal darüber nachdenken dürfen, worin der moralische Unterschied zwischen dem
Heranzüchten von Musikalität und dem auf Kinder
ausgeübten Zwang, Musikunterricht zu nehmen, besteht. Oder wieso es annehmbar ist, Sprinter und Hoch-
springer zu trainieren, aber nicht sie zu züchten. [...] Ist
die Zeit nicht reif, unsere Furcht allein schon vor der
Frage zu überwinden?*

*[...] Viele Menschen sind sich dessen nicht bewusst,
aber der einzigartige und exklusive Stellenwert des
Homo sapiens, den wir einfach als gegeben hinnehmen,
ist gar nicht so leicht zu rechtfertigen. Warum bedeutet
‚pro life' (für das Leben/gegen Abtreibung) immer ‚für
das menschliche Leben'? Warum empören sich so viele
Leute über den Gedanken, einen achtzelligen menschlichen Konzeptus zu töten, während sie gleichzeitig mit
Genuss ein Steak kauen, für das ein ausgewachsenes,
empfindungsfähiges und wahrscheinlich verängstigtes
Rind sein Leben gelassen hat?"*[86]

Dawkins setzt also voraus, dass es keinen Grund gibt,
warum man Menschen den Kühen vorziehen sollte.
Hitchens bezeichnet Menschen häufig als Säugetiere.
Wenn man jedoch keine Unterscheidung zwischen
Menschen und Tieren macht, dann wird die Würde des
Menschen für andere Prinzipien eingetauscht wie: „Es
ist falsch, die Summe wertvollen Lebens zu mindern."

Inzwischen führen einige Leute Gründe dafür an, warum es für eine Mutter moralisch verkehrt sei, sich zu *weigern*, ein „behindertes" Kind abzutreiben, da es ja durch ein „normales" Kind „ersetzt" werden könne:

„Wenn Untersuchungen ergeben haben, dass ein Fötus Abnormalitäten vorweist, wodurch die Lebensqualität drastisch eingeschränkt wäre, ist es normalerweise falsch, wenn die Mutter eine Abtreibung ablehnen würde. [...] Wenn man durch die Abtreibung des abnormalen Fötus einen normalen haben kann, ist das nicht falsch. Die Nebenwirkungen einer Abtreibung sind im Allgemeinen nicht so schlimm, dass sie gewichtiger wären als der Verlust, den man erleidet, wenn man jemanden auf die Welt bringt, dessen Leben erheblich weniger lohnenswert ist als das eines normalen Menschen, der stattdessen gezeugt werden könnte."[87]

Einige gehen mit dieser Logik einen Schritt weiter und sagen, dass wir behinderte Babys durch körperlich gesunde austauschen sollten.[88] Wenn man dieser Logik folgt, dann könnte man sich sogar dafür aussprechen, dass in einigen Fällen die Tötung kranker Menschen positive Nebenwirkungen hat. Immerhin ist es kostenaufwendig und emotional aufreibend, sie zu pflegen. Dennoch würde dieser Gedanke die meisten Menschen abstoßen – und das zu Recht, steht es doch in genauem Gegensatz zur christlichen Moral.

Neulich sah ich in den Nachrichten einen Bericht über Schwester Frances Dominica, die in Großbritannien zur „Frau des Jahres 2007" gekürt worden war. Schwester Frances ist die Gründerin von *Helen House*, wo man sich schwerkranker und sterbender Kinder annimmt, den Eltern und Familienangehörigen praktisch und geistlich unter die Arme greift sowie zu sterbenskranken Kindern nach Hause geht.[89] Es ist zutiefst ergreifend zu sehen, wie sich Schwester Frances und die Mitarbeiter von *Helen House* so voller Liebe um diese Kinder kümmern, die lebensgefährliche und unheilbare Krankheiten haben. Dadurch bekommen sie die Möglichkeit, ihr kurzes Erdendasein bestmöglich zu leben. Das wirft unweigerlich die Frage auf: „Warum tun Schwester Francis und ihre Helfer das?" Sie tun es, weil sie an den Gott der Bibel und die Unantastbarkeit des menschlichen Lebens glauben. Jedes Kind, und mag es noch so behindert oder krank sein, ist von Gott geliebt, ist in Gottes Augen kostbar und wurde nach seinem Bild erschaffen. Der Gott der Bibel, der in der Person Jesus Christus auf diese Erde kam, ist kein böses Ungeheuer, sondern die einzige Hoffnung für die Zukunft unserer Gesellschaft.

II. Ist der Glaube wirklich „eines der größten Übel dieser Welt"?[90]

Richard Dawkins sagt: „Ich denke, man kann schlagende Argumente dafür liefern, dass der Glaube eines der größten Übel dieser Welt ist, vergleichbar mit dem Pockenvirus, nur schwerer zu beseitigen."[91]

Lassen Sie uns im Folgenden drei Aspekte dieser Überzeugung unter die Lupe nehmen:

1. Unterscheiden Sie zwischen Glaube und Glaubensmissbrauch

Wir müssen zwischen Glaube und Glaubensmissbrauch unterscheiden. Die führenden Atheisten richten ihr Augenmerk ausschließlich auf den Missbrauch von Glauben und nie darauf, in welcher Weise er sich auch positiv auswirkt. Wenn es dagegen um die Naturwissenschaft geht, schauen sie stets auf deren positiven Gebrauch, nie auf deren Missbrauch. Dabei wurde die Wissenschaft in der Geschichte ebenso für schreckliche Zwecke eingespannt. Man denke nur an die unheimlichen medizinischen Experimente, die in Nazideutschland durchgeführt wurden; oder an die schrecklichen Waffen wie Napalm, Landminen, Gaskammern und so weiter, die von der Wissenschaft entwickelt wurden. Dieser Missbrauch ist natürlich untypisch für die Wissenschaft. Doch ebenso ist Glaubensmissbrauch untypisch. Wie Domherr David Watson zu sagen pflegte: „Das Gegenteil von Missbrauch ist nicht Nichtgebrauch, sondern richtiger Gebrauch."

2. Bedenken Sie, wie viel Schreckliches im Namen des Atheismus begangen wurde

Dawkins und seine Mitstreiter gehen davon aus, dass es der Welt erheblich besser gehen würde, wenn wir uns der Religion entledigen könnten. Humphrys wendet jedoch ein: „Die Behauptung der Atheisten, dass ohne Religion Frieden und Harmonie herrsche, ist schlicht und einfach absurd. Den Beweis dafür liefert nicht die Bibel. Man findet ihn in den Geschichtsbüchern."[92]

Wie Keith Ward treffend aufzeigt: „Bei den Weltkriegen ging es überhaupt nicht um religiöse Dinge [...]. [E]s ging in diesen Kriegen nicht um religiöse Lehren oder Praktiken. Die schrecklichsten Konflikte in der Menschheitsgeschichte waren nicht religiöser Natur."[93]

Dawkins bringt den Einwand vor, dass einzelne Atheisten scheußliche Dinge tun können, „aber nicht im Namen des Atheismus"[94]. Niemand behauptet, dass alle Atheisten scheußliche Dinge tun. Mein Vater war Atheist (oder zumindest Agnostiker), und er war ein wunderbarer Mann, einer meiner großen Vorbilder. Doch ein Blick in die Geschichte zeigt, dass sehr wohl böse Dinge im Namen des Atheismus getan wurden. Ein Beispiel ist der atheistische Kommunismus im 20. Jahrhundert. Humphrys schreibt darüber: „Die größten Schrecken der Menschheit wurden im vergangenen Jahrhundert nicht von der Religion angeregt, sondern vom Kommunismus."[95] Er zitiert den politischen Philosophen John Gray, der das Argument vorbringt, dass man „leicht vergessen [kann], dass im 20. Jahrhundert Terror im großen Stil von säkularen Regierungen eingesetzt wurde. [...] Die Wurzeln des heutigen Terrorismus liegen viel mehr in radikaler westlicher Ideologie –besonders Leninismus – als in Religion."[96] In der UdSSR wurden schätzungsweise zwanzig Millionen Menschen umgebracht; in China fünfundsechzig Millionen; in Nordkorea und Kambodscha jeweils zwei Millionen. Insgesamt schätzt man, dass kommunistische Regime durch Ausmerzung ihrer eigenen Bevölkerung und explizit antireligiöse Politik zwischen fünfundachtzig und hundert Millionen Menschen getötet haben. John Cornwell betont: „Stalins Atheismus war dabei ein ganz entscheidendes Kennzeichen seiner gesamten Ideologie. Er hat [Christen] unterdrückt, inhaftiert, ermordet und ihre Kirchen von Russlands Westen bis Osten zerstört."[97] In einer Rede vom 18. November 1961 hat Chruschtschow Russlands Philosophie mit den Worten zusammengefasst: „Wir brauchen ein gut durchdachtes und ausgewogenes Bildungssystem, das wissenschaftlich und atheistisch ist und alle Bevölkerungsschichten erfasst. Besonders unter Kindern und Jugendlichen soll dadurch die Verbreitung religiösen Gedankenguts verhindert werden."[98]

Dawkins sagt: „Entscheidend ist nicht, ob Hitler und Stalin Atheisten waren, sondern ob der Atheismus die Menschen systematisch dazu veranlasst, schlimme Dinge zu tun. Und dafür gibt es nicht den geringsten Anhaltspunkt." Er sagt über Stalin, es gebe „kein Indiz dafür, dass sein Atheismus das Motiv für seine Brutalität lieferte"[99]. Weiterhin deutet er sogar an, dass dessen Motiv vielleicht auf religiöse Kindheitserfahrungen zurückzuführen sein könnte.[100] Darauf erwidert Alister McGrath:

„In einem seiner bizarrsten Credos als Atheist beharrt Dawkins darauf, dass es ‚nicht den kleinsten Hinweis' dafür gebe, dass der Atheismus die Menschen systematisch dazu bringe, schlechte Dinge zu tun. [...] Die Fakten sprechen nämlich eine andere Sprache. Die sowjetischen Behörden haben in ihren Bemühungen, die atheistische Ideologie durchzusetzen, zwischen 1918 und 1941 systematisch die große Mehrheit der Kirchen und Priester ausgelöscht. Es ist schrecklich, die Statistiken zu lesen. Gewaltanwendung und Unterdrü-

ckung waren die Folge einer streng befolgten atheistischen Devise – der Ausrottung der Religion.

Dies ist kaum mit einer anderen credohaften Aussage von Dawkins vereinbar: ‚Ich glaube nicht, dass es einen einzigen Atheisten auf dieser Welt gibt, der Mekka, Chartres, das Münster von York oder Notre Dame zerstören würde.‘ Leider spiegelt diese noble Empfindung seine eigene Leichtgläubigkeit wider und nicht die Realität. Die Geschichte der Sowjetunion ist voll von niedergebrannten und ausgebombten Kirchen. Dawkins' Plädoyer für die Unschuld des Atheismus an Gewalt und Unterdrückung – was er wiederum der Religion zuschreibt – ist schlichtweg unhaltbar und weist auf einen beträchtlichen blinden Fleck hin.“[101]

Ich will damit nicht sagen, alle Atheisten seien Kommunisten. Auch kann man nicht jeden Atheisten in eine Schublade stecken. Doch die Fakten des 20. Jahrhunderts legen nahe, dass es keinen logischen Widerspruch zwischen den Gräueltaten des Kommunismus und einer atheistischen Weltanschauung gibt.

3. Würdigen Sie das Gute, das im Namen Jesu getan wurde

Traurigerweise kann Richard Dawkins auch nicht einen einzigen Nutzen erkennen, den der Glaube den Menschen gebracht hat. Mutter Teresa tut er als „scheinheilig-heuchlerisch“[102] ab. Auf die Frage hin, ob ihm irgendetwas Positives einfiele – und sei es noch so unbedeutend –, das die Religion bewirkt habe, antwortete er: „Da fällt mir nichts ein. Wirklich nicht.“ Als er nach großer religiöser Kunst gefragt wurde, erwiderte

Dawkins: „Das ist nicht Religion. Die Kirche hatte einfach das Geld. Große Künstler wie Michelangelo oder Bach und Beethoven hätten getan, was immer man ihnen sagte."[103]

Viele Atheisten tun alles Erdenkliche, um all das Gute abzutun, das im Namen Jesu getan wurde. So versucht Dawkins zum Beispiel, den Glauben von Menschen mit politischem Einfluss kleinzureden, indem er ihre Religiosität „nebensächlich"[104] nennt – wie beispielsweise im Fall von Martin Luther King, jenem großen christlichen Prediger, der unglaublich viel dazu beigetragen hat, die Rassengleichheit in den Vereinigten Staaten zu etablieren. Dawkins schreibt: „Obwohl Martin Luther King Christ war, hat er seine Philosophie des gewaltlosen Widerstands direkt von Ghandi abgeleitet, und Ghandi war kein Christ."[105] Doch woher nahm Ghandi seine Philosophie? Er hatte sie teilweise von Tolstoi, der wiederum Christ war. Und worauf ging die Philosophie von Tolstoi, Ghandi und Martin Luther King zurück? Auf Jesus, der gesagt hat: „Dem, der dich auf die eine Backe schlägt, biete auch die andere dar", und: „Liebt eure Feinde" (Lukas 6,27–29).

Wenn Christopher Hitchens über Martin Luther King schreibt, schlägt er in die gleiche Kerbe wie Dawkins. Mich hat eine Rezension zu Christopher Hitchens' Buch amüsiert, die in der *Financial Times* zu lesen war:

„Hitchens' These, dass Religion die Welt vergifte, ist problematisch, weil sie nicht erklärt, warum Leute auf ihrer Grundlage positive Dinge tun. Wie erklärt Hitchens sich Martin Luther King? Folgendermaßen: King sei gar kein echter Christ gewesen. Wirklich? Ja, denn

King habe ja nie angedeutet, dass seine Gegner in die-
ser oder der nächsten Welt bestraft werden würden.
‚Also war er nicht wirklich, sondern nur dem Namen
nach Christ.'"[106]

Kann man Kings mangelndes Interesse an Vergeltung
möglicherweise auf die Evangelien zurückführen? Der
Rezensent schreibt weiterhin: „Mir ist aufgefallen, dass
Hitchens seinen King-Trick bei Desmond Tutu nicht
versucht. Aber Tutu ist auch noch am Leben, und man
kann sich leicht seine Reaktion vorstellen, sollte jemand behaupten, er sei kein Christ."[107]

Nicht nur diese großen Männer und Frauen Gottes
haben Gutes getan, sondern auch Millionen gewöhnlicher Christen auf der ganzen Welt. Selbst Nichtchristen
können bezeugen, wie viel Gutes im Namen Jesu getan wird. John Humphrys ist Agnostiker und bezeichnet sich selbst als „gescheiterten Atheisten". Nach seiner Radiosendung *In Search of God* („Auf der Suche
nach Gott") erhielt er Hunderte von Briefen als Reaktion auf seine Suche. Er schreibt:

„Für jeden Skeptiker gab es Dutzende von Gläubigen,
die sagten, sie seien durch ein bestimmtes Ereignis oder
Erlebnis zum Glauben gekommen [...]. Das sind über-
wiegend aufrichtige Menschen, die auf die eine oder
andere Weise zum Glauben an Gott gefunden haben
und durch diesen Glauben verändert wurden [...]. Die
meisten Briefeschreiber kamen mir intelligent vor. Es
waren Leute, die sich viele Gedanken über ihren Glau-
ben gemacht und viele Fragen gestellt haben, und meist
haben sie ihre Zweifel ausräumen können [...]. Für je-

den Fanatiker gibt es unzählige ganz normale, anstän-
dige Menschen, die an [...] Gott glauben und nieman-
dem schaden wollen. Viele von ihnen sehen es als ihre
Pflicht an, die Welt zu verbessern. "[108]

In einem Radiointerview hat Christopher Hitchens 2008
gesagt: „Es gibt nichts, das ein Gläubiger kann, was jemand ohne Glauben nicht genauso könnte. Es gibt keinen Beitrag zur Gesellschaft, den ein Christ leistet, den
ein säkularer Mensch nicht genauso gut leisten kann."
   Nachdem er sich die Radiosendung angehört hatte,
verfasste der Künstler und Bildhauer Charlie Mackesy
eine Antwort, die er gegeben hätte, wenn er bei dem
Interview dabei gewesen wäre:

„Ich kann nur für mich selbst sprechen, Christopher,
aber es gibt Dinge, die ich durch meinen Glauben an
Jesus getan habe, für die ich sonst nie – niemals! – den
Mut gehabt hätte; für die ich nie Geduld genug gehabt,
nie Liebe und Freiheit genug, nie Inspiration oder Mut
genug, für die ich nie den Wunsch verspürt hätte. Si-
cher können andere ohne Glauben mehr erreichen, so-
gar viel mehr. Doch was mich betrifft, so hätte ich es
ohne Glauben nie versucht und habe dabei auch häu-
fig versagt, manchmal genauso oft, wie ich Erfolg hatte.
Bei allem schenkt mir Jesus Leben und Mut und Ent-
schlossenheit. "[109]

Christen behaupten nicht, besser zu sein als Menschen,
die nicht an Gott glauben. Aber sie sagen, sie selbst
seien besser, als sie ohne ihr Christsein, ohne Gott gewesen wären.

Wenn wir der Auffassung, Religion sei eher schädlich als nützlich, erfolgreich begegnen wollen, dann sollten wir uns Studienergebnisse anschauen. Diese zeigen, dass Christen mehr Geld für wohltätige Zwecke spenden, mehr ehrenamtliche Arbeit leisten und glücklicher sind als nichtreligiöse Menschen:

„Ein Standardwerk für diese Thematik ist das [...] Handbook of Religion and Health. *Die Autoren haben dafür 2.000 veröffentlichte Experimente ausgewertet* [...]. *Auch hier lautet das Gesamtergebnis wieder, dass religiöse Menschen in der Regel länger leben und körperlich gesünder sind als nichtreligiöse Menschen. Junge religiöse Menschen neigen in signifikant geringerem Maße zu Drogen- und Alkoholmissbrauch, Straftaten und Selbstmordversuchen. Ältere religiöse Menschen haben ein höheres Maß an Wohlbefinden und Zufriedenheit mit dem Leben. Soweit auf diesem Gebiet ganz allgemeine Bemerkungen angebracht sind, ließe sich sagen: Religion ist gut für Ihre Gesundheit!“*[110]

Diese Ergebnisse waren auch zu erwarten, hat Jesus doch gesagt: „Ich bin gekommen, damit sie Leben haben und es in Überfluss haben" (Johannes 10,10). Das Evangelium – die Gute Nachricht von Jesus – befreit uns und der Heilige Geist verwandelt uns von innen heraus. „Die Frucht des Geistes aber ist: Liebe, Freude, Friede, Langmut, Freundlichkeit, Güte, Treue, Sanftmut, Enthaltsamkeit" (Galater 5,22–23). Diese Frucht können wir bei Menschen, die von sich behaupten, dass sie Jesus nachfolgen, unter anderem in ihrem Wunsch sehen, sich um die Armen zu kümmern, Gefängnisinsassen zu besuchen und sich der Sterbenden anzunehmen. Kann man da wirklich behaupten, Religion sei eines der größten Übel dieser Welt?

III. Ist christliche Erziehung wirklich „Kindesmissbrauch"?

Richard Dawkins hat in einer Debatte gesagt: „Wirklich schädlich ist, Kindern beizubringen, dass der Glaube eine Tugend sei. Der Glaube ist ein Übel."[111] In „Der Gotteswahn" schreibt er über ein Kind, das sexuell missbraucht wurde, und sagt, dass sexueller Missbrauch zweifellos etwas Entsetzliches sei, „aber der dadurch verursachte langfristige psychische Schaden sei nachweislich geringer als der, den eine katholische Erziehung anrichte"[112].

Gewiss, wenn die Naturwissenschaft die Existenz Gottes widerlegt hat, wenn Gott ein böses Ungeheuer ist und wenn Religion die Wurzel alles Bösen oder zumindest ein großes Übel ist, dann würde niemand seine Kinder christlich erziehen wollen. Wenn die Wissenschaft dagegen Gottes Existenz nicht widerlegt hat, wenn Glaube und Naturwissenschaft sich gegenseitig ergänzen; wenn der Gott der Bibel, der sich durch Jesus Christus offenbart hat, das größte Vorbild in Sachen Liebe ist (und dafür, wie wir leben sollten); wenn der Glaube kein blinder Sprung ins Dunkel ist, bei dem man ans Unmögliche glaubt, sondern – wie echte Liebe – ein auf Vernunft und Tatsachen gegründeter Glaube; wenn es beim Glauben um eine Beziehung zu einer Person geht, die unser Leben von Grund auf verändert;

wenn es beim Christsein darum geht, Teil einer Gemeinschaft von Menschen zu sein, in der jeder herzlich willkommen ist (Jesus sagte: „Lasst die Kinder, und wehrt ihnen nicht, zu mir zu kommen! Denn solchen gehört das Reich der Himmel" [Matthäus 19,14]) – wenn dem so ist, wer würde seinen Kindern dann eine christliche Erziehung vorenthalten wollen? Genau genommen ist es nach meiner Ansicht das größte Vermächtnis, das wir unseren Kindern machen können.

1. Eltern haben unweigerlich Einfluss auf ihre Kinder

Es ist ganz wichtig zu verstehen, dass alle Eltern ihre Kinder durch Wort und Tat beeinflussen. Jeglichen Einfluss auf seine Kinder vermeiden kann man nur, indem man keinen Kontakt mit ihnen hat – indem man nicht mit ihnen kommuniziert. Dawkins ist ein „Modernist" in dem Sinne, dass er meint, er habe keinerlei Glauben. Natürlich hat er trotzdem einen und in seinem Buch *A Devil's Chaplain* („Ein Kaplan des Teufels") tritt dieser ganz deutlich zutage. Das Buch beinhaltet unter anderem einen Brief an seine Tochter Juliette. Er beschreibt darin seinen Glauben wie folgt:

„Ein offener Brief an meine Tochter, den ich geschrieben habe, als sie zehn war. Den Großteil ihrer Kindheit über habe ich sie leider immer nur kurz gesehen, und dabei war es nicht leicht, über die wichtigen Dinge des Lebens zu sprechen. Ich hatte immer peinlichst genau darauf geachtet, kleine Kinder nicht einmal ansatzweise ideologisch zu drillen, weil ich das für die eigentliche Ursache vieler Übel auf dieser Welt halte."[113]

Er beginnt seinen Brief mit den Worten: „Ich möchte dir über etwas schreiben, das mir wichtig ist [...]. Naturwissenschaftler – Menschen, die sich darauf spezialisieren, die Wahrheit über die Welt und das Universum herauszufinden [...].“[114] Danach erklärt er, was er für die Wahrheit über die Welt und das Universum hält: Das Christentum vermittle nicht die Wahrheit und mangele jeglicher Beweise. Der Rest des Briefes ist ein Angriff auf die Religion, ein Angriff auf Glauben und ein Angriff auf das Christentum. Im Grunde handelt es sich dabei also um antireligiöse Propaganda. Doch handelt es sich dabei nicht um ideologischen Drill? Warum soll es nur bei religiösen Glaubensinhalten missbräuchlich sein, wenn sie Kindern „aufgedrückt" werden? Konsequenterweise sollten wir zugeben, dass es genauso missbräuchlich wäre, ihnen einen antireligiösen Glauben aufzudrücken. In dieser Hinsicht gibt es keine Wertneutralität.

2. Seien Sie sich der Gefahren bewusst, wenn die Freiheit der Menschen beschnitten wird

In ihren Grundzügen haben die atheistischen Regime des 20. Jahrhunderts geglaubt, was Richard Dawkins und Christopher Hitchens glauben: Gott sei eine Wahnvorstellung; Religion sei eher schädlich als nützlich; religiöse Erziehung sei Kindesmissbrauch und Glaube sollte abgeschafft werden. Deshalb erklärten sie es auch für gesetzwidrig, Kinder im Christentum zu unterrichten. Viele von denen, die dennoch den christlichen Glauben vermittelt haben, wurden inhaftiert und von ihren Kindern getrennt. Einige Christen wurden in psychiatrische Anstalten eingewiesen, wo man sie von ihren Wahnvorstellungen „heilen" wollte.

Somit gibt es einen nachvollziehbaren Pfad vom Atheismus hin zu schädlichem Handeln. Natürlich begibt sich nicht jeder Atheist unbedingt auf diesen Pfad, aber man sollte zugeben, dass diese Möglichkeit besteht. Und ganz gewiss ist es für unsere Gesellschaft nicht wünschenswert, diesen Pfad zu beschreiten.

3. Preisen Sie die Vorzüge einer christlichen Erziehung

Ich weiß nicht, wie sich Richard Dawkins ein christliches Zuhause vorstellt, doch nach meiner Erfahrung sind christliche Familien Orte der (bedingungslosen) Liebe und einer tiefgreifenden Sicherheit. Idealerweise baut ein christliches Zuhause auf eine starke christliche Ehe, die den Kindern einen sicheren Ort (mit Grenzen) gibt, wo sie Selbstvertrauen lernen können, positive Gemeinschaft und Freiheit erleben. Natürlich sollten wir unseren Kindern nie unseren Glauben aufdrängen oder sie ideologisch drillen, aber ich finde es ganz wertvoll, Kindern beizubringen, dass sich unser Verhalten auch immer auf andere auswirkt, dass Menschen wichtiger sind als materielle Dinge und dass Vergebung besser ist als Vergeltung. Mit zunehmendem Alter müssen wir ihnen mehr Verantwortung und Wahlmöglichkeiten überlassen. Selbstverständlich werden wir dann immer noch über unseren Glauben reden wollen, ohne ihnen aber den Glauben einzutrichtern. Auch wenn wir jede Art von Krampf vermeiden sollten, können wir ihnen den Glauben praktisch vorleben. Wie schon häufig gesagt wurde, waren Kinder noch nie sehr gut darin, auf Ältere zu hören. Doch sie haben es nie versäumt, dem Vorbild von Älteren zu folgen.

Meine Frau und ich haben für unsere eigenen Kinder gebetet, dass sie nie eine Zeit erleben, in der sie keine Beziehung zu Gott haben.

Schlussfolgerung

Früher war ich Atheist und vertrat ähnliche Ansichten wie Richard Dawkins und Christopher Hitchens, auch wenn sie natürlich nicht so ausgefeilt waren wie die ihren. Dann bin ich Jesus Christus begegnet und habe entdeckt, was es bedeutet, eine Beziehung zu ihm einzugehen: eine Beziehung zu dem Gott der Bibel, der kein böses Ungeheuer ist. Ich habe erfahren, wie Gott mir seine unbeschreibliche Liebe gezeigt hat und wie ich dadurch ihn und andere Menschen ebenfalls mehr liebte. Das war auch einer der Gründe, warum ich Pfarrer geworden bin: Ich wünsche mir, dass andere Menschen die gleiche Liebe in ihrem Leben erfahren.

Über die Jahre habe ich bezeugen können, wie sich dieser Glaube auf meine Ehe und meine Familie ausgewirkt hat, und ich habe auch die Auswirkungen des christlichen Glaubens auf andere Familien in unserer Gemeinde gesehen. Ich habe beobachten können, wie er sich auf Kinder auswirkt, auf Teenager, auf Studenten und junge Erwachsene, die in einer Glaubensgemeinschaft groß geworden sind. Kindesmissbrauch ist daher so ziemlich das letzte Wort, das mir in den Sinn kommen würde, wenn ich über christliche Erziehung nachdenke.

Außerdem habe ich miterlebt, wie Menschen in unseren Alpha-Kursen zum Glauben an Jesus gekommen sind, und ich habe viele weitere Geschichten aus aller Welt gehört. Sie handeln von Neuanfängen und Erneuerung: Ehen wurden geheilt, Beziehungen zu den Eltern oder Kindern waren nicht mehr wiederzuerkennen, Menschen wurden von Abhängigkeiten befreit oder waren im Gefängnis und sind zum Glauben an Jesus gekommen. Sie reden davon, wie ihr Glaube sie verändert hat und dass sie jetzt einen positiven Beitrag zur Gesellschaft leisten. Einige haben Hilfswerke für Arme, Obdachlose und Aidskranke ins Leben gerufen. Warum? Weil sie erlebt haben, was es heißt, mit Jesus Christus unterwegs zu sein.

Die kleinen Dinge, die von Einzelpersonen getan werden – Taten der Vergebung, der Liebe und Dienstbereitschaft – können millionen- und abermillionenfach multipliziert werden. Sie werden jeden Tag getan, aber nicht unbedingt festgehalten und bekannt gemacht, höchstens in einem sehr kleinen Kreis. Ich kann nicht für die Religion im Allgemeinen sprechen, aber ich kann Ihnen versichern – weil ich es mit eigenen Augen gesehen habe –, dass der Glaube an Jesus Christus nicht schädlich ist, sondern unermesslich viel Gutes bewirkt – folgen wir doch dem nach, der Gutes tat, wo immer er hinkam (Apostelgeschichte 10,38).

Kapitel 3

▶▶ Widerspricht der Glaube der Vernunft?

Einleitung

Richard Dawkins hat gesagt, Glaube sei blind und Wissenschaft beruhe auf Tatsachen. „Naturwissenschaft wägt Beweise und Fortschritte ab. Religion ist engstirniger Glaube um des Glaubens willen."[115] Er definiert Glaube als „blindes Vertrauen infolge des Nichtvorhandenseins von Beweisen, sogar Beweisen zum Trotz"[116].

Nach Dawkins' Definition widerspricht Glaube der Vernunft. Wenn man jedoch davon ausgeht, dass man Glaube als vernunftwidrig definiert und dann behauptet, Glaube stehe im Widerspruch zur Vernunft, hat man einfach dasselbe zweimal gesagt – bloß mit anderen Worten. Im Lexikon steht, dass das englische Wort für Glaube, *faith*, vom Lateinischen *fides* abgeleitet ist, was „Vertrauen" bedeutet. Vertrauen kann entweder grundlos sein oder auf Beweisen beruhen. Wenn Glaube Vertrauen den „Beweisen zum Trotz" ist, dann ist er natürlich irrational, und genau das behauptet Dawkins ja. Wie am Anfang dieses Buches erläutert, definiert Dawkins den Glauben anhand des Wortes „Wahn", wie es im mit *Microsoft Word* gelieferten Lexikon definiert wird. Ein Wahn wird beschrieben als eine „dauerhafte falsche Vorstellung, die trotz starker entgegengesetzter Belege aufrechterhalten wird"[117]. Basierend auf Dawkins' Definition ist Glaube somit ein Wahn. Die beiden Begriffe sind austauschbar; es sind Synonyme. Dieses Argument schlägt jedoch fehl, wenn Glaube nicht das ist, was er Dawkins' Definition zufolge sein soll. Seine Definition geht an der eigentlichen Frage vorbei: „Gründet sich Gottesglaube auf Tatsachen oder nicht?" Ist Glaube ein Wahn?

Im Mai 2007 nahm Dawkins auf einer Kreuzfahrt zu den Galapagos-Inseln im Kreise einiger Atheisten an einer Fragestunde teil. Eine der Fragen lautete: „Was wäre eine berechtigte Kritik an Ihrem Buch ‚Der Gotteswahn'?"

Dawkins entgegnete darauf: „Ich denke, am besten könnte man es kritisieren, wenn man tatsächlich irgendeinen stichhaltigen Beweis für die Existenz eines übernatürlichen Wesens hätte. [...] Wenn jemand einen solchen Beweis vorbringen könnte, wäre das eine berechtigte Kritik. Bis jetzt hat das keiner geschafft und meiner Meinung nach ist es auch völlig unmöglich. Das finde ich ziemlich aufschlussreich."[118]

Das stellt uns vor eine Herausforderung: Gibt es Beweise für die Gültigkeit des christlichen Glaubens? Wir kommen an dieser Frage nicht vorbei. Den heutigen Kritikern, die die Auffassung vertreten, dass es keine Beweise dafür gibt, dass das Christentum die Wahrheit vermittelt, müssen wir Gründe für unseren Glauben anführen.

So wollen wir uns also der Frage zuwenden: „Widerspricht der Glaube der Vernunft?" Vorweg aber erst einmal fünf grundlegende Gedanken darüber, was Glaube überhaupt ist.

1. Glaube ist universell

Jeder glaubt an bestimmte Dinge. Die Existenz Gottes kann weder eindeutig bewiesen noch widerlegt werden.

Mathematik ist eines der wenigen Unterfangen, bei dem es eindeutige Beweise gibt: 2+2=4. Bei einer derartigen Gleichung gibt es absolut keinen Zweifel an der Wahrheit, keinen Spielraum für Gegenargumente und somit auch keinen Spielraum für Glauben. Gewissermaßen ist die Gleichung auch völlig willkürlich, weil die Zahlen rein symbolisch sind. Albert Einstein hat gesagt: „Insofern sich die Sätze der Mathematik auf die Wirklichkeit beziehen, sind sie nicht sicher, und insofern sie sicher sind, beziehen sie sich nicht auf die Wirklichkeit. Mathematische Theorien über die Wirklichkeit sind immer ungesichert – wenn sie gesichert sind, handelt es sich nicht um die Wirklichkeit."[119]

Selbst Dawkins räumt ein, dass man die Existenz Gottes nicht eindeutig widerlegen kann. Eine universelle Verneinung lässt sich so gut wie unmöglich beweisen. Die Theologin und christliche Apologetin Amy Orr-Ewing veranschaulicht dies anhand von grün gefleckten Steinen:

„Nehmen wir einmal an, uns geht es heute nicht um die Existenz Gottes, sondern um die Existenz von grün gefleckten Steinen im Universum. Was müsste ich tun, um zu beweisen, dass es keine grün gefleckten Steine

gibt? Ich müsste eine alles erschöpfende Kenntnis des Universums besitzen, ein absolutes Wissen – was mich zu Gott machen würde. Was muss ich dagegen tun, um sagen zu können, dass es wirklich grün gefleckte Steine gibt? Einen finden."[120]

Obwohl Dawkins zugibt, dass es keinen eindeutigen Beweis für Gottes Nichtexistenz gibt, erklärt er, es gäbe mit ziemlicher Sicherheit keinen Gott. Somit sei er Atheist. Dennoch haben wir es hier ebenfalls mit einem Glauben zu tun. Atheisten glauben, dass es keinen Gott gibt.

Dawkins' Glaube geht aber noch einen Schritt weiter. Wie der atheistische Philosophieprofessor Michael Ruse angemerkt hat, gibt es einen Unterschied zwischen „Evolution" und „Evolutionismus". Richard Dawkins ist ein Evolutionist, und Evolutionismus ist das „metaphysische oder ideologische Bild, das auf die Evolution oder um sie herum gebaut wird". Ruse gibt an, Evolutionismus sei „religiöse Hingabe" und im Grunde gäbe es keine „Auseinandersetzung zwischen Naturwissenschaft und Religion, sondern vielmehr zwischen zwei Religionen".[121]

Doch nicht nur Atheisten haben einen Glauben; Agnostiker haben ebenso einen. Ein Gemeindemitglied hat mir die folgende Geschichte erzählt:

„Vor einiger Zeit, während einer leicht vom Alkohol geförderten Diskussion über das Leben, den Tod und den Ursprung des Universums, wandte sich einer meiner Freunde mir zu und sagte: ‚Du bist doch ein Mann des Glaubens. Was hältst du davon?'

‚Wir sind alle Männer und Frauen des Glaubens‘, antwortete ich. ‚Einige unter uns glauben daran, dass es Gott gibt. Andere unter uns glauben daran, dass es keinen Gott gibt, und keiner der beiden Standpunkte ist beweisbar.‘

‚Genau‘, entgegnete er. ‚Deshalb bin ich auch Agnostiker.‘

‚So leicht kannst du dich nicht aus der Affäre ziehen‘, erwiderte ich. ‚Du glaubst eben daran, dass es nicht wichtig sei, sich zu entscheiden.‘"

Gleichgültig, *was* wir glauben – jeder glaubt an etwas.

2. Glaube ist ein wesentlicher Bestandteil der Erkenntnis

In fast jedem Lebensbereich ist Glaube ein wesentlicher Bestandteil der Erkenntnis. Selbst die Naturwissenschaft ist ein Glaubensunterfangen. Albert Einstein hat gesagt: „Die Mechanismen einer Entdeckung sind weder logisch noch vom Verstand geleitet. Eine Entdeckung kommt als plötzliche Eingebung, fast in Form einer Verzückung. Natürlich bestätigen (oder entkräften) später Verstand, Analyse und Experimente, was zunächst einmal das Ergebnis unserer Intuition war. Doch am Anfang steht ein riesiger Sprung der Fantasie."[122]

Auf ähnliche Weise brauchen wir Glauben, wenn wir uns Geschichtswissen aneignen. Wenn wir über ein geschichtliches Ereignis lesen, kommt unser Wissen nicht aus erster Hand, denn wir waren ja nicht zugegen. Vielmehr müssen wir glauben (oder nicht glauben), was uns Zeugen und Historiker sagen.

Juristische Entscheidungen können ebenfalls Glauben erfordern. Ich war mehrere Jahre lang Rechtsanwalt und bin mir sehr bewusst, was für ein Glaubensschritt es ist, wenn die Geschworenen jemanden für schuldig befinden. Sie wissen ja nicht, ob der Angeklagte schuldig ist; sie müssen den Zeugen und den vorgelegten Beweisen einfach vertrauen. Zu jedem Gerichtsurteil gehört also die Bereitschaft, etwas zu glauben.

Beziehungen sind auch eine universelle Erfahrung und sie basieren ebenfalls auf Glauben. In der *Times* gab es vor einiger Zeit einen Bericht über die reichste Frau in China – Miss Yang –, die 16,2 Milliarden Dollar „schwer" ist. Sie hat das Geld von ihrem Vater geerbt, einem ehemaligen Maurer, der sich diese Riesensumme aus eigener Kraft erarbeitet hat. Ein Journalist aus Hongkong fragte ihn, warum er das Vermögen seiner Tochter übergeben habe. Yang antwortete: „Weil sie meine Familie ist. Ich glaube an sie."[123]

Glaube ist also ein wichtiger Bestandteil vieler Aspekte unseres Lebens.

3. Für Christen gehört Glaube zu einer Beziehung

Für Christen bedeutet Glaube, einer bestimmten Person zu vertrauen. Glaube ist wie Liebe. Glaube beschränkt sich nicht auf das, wofür Richard Dawkins ihn hält. Er ist nicht einfach die „private Meinung, dass ein Ding mit dem Namen ‚Gott' existiert"[124]. Vielmehr geht es beim Glauben um eine Beziehung zu Gott, der sich uns in Jesus Christus gezeigt hat. Deswegen führen die Verfasser des Neuen Testaments auch die engsten persönlichen Beziehungen als Muster für diese Gottesbeziehung an, nämlich die Beziehungen zwischen Eltern und Kind sowie zwischen Mann und Frau. Solche Vertrauensbeziehungen verändern unser Leben und alle weiteren Beziehungen, die wir eingehen.

In jeder Beziehung spielt Vertrauen eine wichtige Rolle. Papst Johannes II. hat gesagt: „Die Fähigkeit und Entscheidung, sich selbst und sein Leben einem anderen Menschen anzuvertrauen, stellen gewiss einen der anthropologisch gewichtigsten und ausdrucksstärksten Akte dar.“[125] Was zwischenmenschliche Beziehungen angeht, ist sich Richard Dawkins dessen auch bewusst. In dem schon zuvor von mir erwähnten Brief an seine Tochter schrieb er weiter:

*„Manchmal sagen die Leute, man müsse tief in seinem Inneren an Gefühle glauben, sonst könne man zum Beispiel nie mit Sicherheit sagen: ‚Meine Frau liebt mich.‘ Aber das ist ein schlechtes Argument. Es gibt reichlich Beweise dafür, ob jemand einen liebt. Wenn man mit einer Person zusammen ist, die einen liebt, wird man den ganzen Tag über kleine Dinge erleben, die sich aufsummieren und die Liebe beweisen. Es ist nicht einfach ein Gefühl im Inneren, so wie das Gefühl, das Priester ‚Offenbarung‘ nennen. Es gibt äußere Dinge, die das innere Gefühl bestätigen: Blickkontakte, Zärtlichkeit in der Stimme, kleine Gefälligkeiten. Das sind alles echte Beweisstücke [...]. Gefühle müssen durch Beweise gestützt werden, ansonsten kann man ihnen nicht ver*trauen.“[126]

Das Wörterbuch stellt jedoch einen Bezug zwischen dem Begriff „Vertrauen" und Glauben her. Richard Dawkins hat insofern recht, dass man ohne Beweise einer Person keinen *Glauben* schenken kann. All die kleinen Beweisstückchen bilden in zwischenmenschlichen Beziehungen eine Vertrauensbasis. Ein Zyniker würde aber natürlich die vielen kleinen Beweisstückchen zurückweisen; sie können ja auch falsch interpretiert werden. Beweise erfordern Interpretation und Vertrauen.

4. Glaube und Vernunft müssen sich nicht widersprechen, sie können sich ergänzen

Wie wir bereits gesehen haben, widersprechen sich die Naturwissenschaft und der christliche Glaube nicht, sondern sie ergänzen sich. Genauso können sich auch Glaube und Vernunft ergänzen; sie müssen nicht im Widerspruch zueinander stehen.

Obwohl Glaube nicht irrational sein muss, kann es von außen so wirken. Eine Nonne, die als Missionarin im Mittleren Osten tätig war, war einmal mit ihrem Jeep unterwegs, als ihr plötzlich das Benzin ausging. Sie hatte keinen Ersatzkanister dabei; alles, was sie finden konnte, war ein Nachttopf. So ging sie zu Fuß zur nächsten Tankstelle, um den Nachttopf mit Benzin füllen zu lassen.

Als sie zurückkam und das Benzin in ihren Tank goss, kam ein großer Cadillac mit zwei steinreichen Ölscheichs vorbei. Die Scheichs sahen gespannt zu, wie sie den Inhalt des Nachttopfs in ihren Tank schüttete.

Schließlich kurbelte der eine von ihnen die Fensterscheibe herunter und rief ihr zu: „Entschuldigen Sie!

Mein Freund und ich gehören zwar nicht Ihrer Religion an, aber wir bewundern Ihren Glauben!" Was sie sahen, schien der Vernunft zu widersprechen. In Wirklichkeit hatte die Nonne jedoch einen sehr guten Grund für das, was sie tat.

Auf ähnliche Weise mag unser Glaube an Gott irrational erscheinen, obwohl er sich unter anderem auf die Vernunft gründet.

Das Neue Testament zeigt, wie wichtig das Herz und der Wille sind, aber es betont auch ganz stark den Geist und den Verstand. Jesus sagte: „Du sollst den Herrn, deinen Gott, lieben mit deinem ganzen Herzen und mit deiner ganzen Seele und mit deinem ganzen *Verstand*" (Matthäus 22,37; Hervorh. d. Autors). Als Paulus von Festus verhört wurde und man ihm vorwarf, er sei wahnsinnig, antwortete er: „Hochverehrter Festus, ich bin nicht verrückt. Was ich sage, ist wahr und vernünftig" (Apostelgeschichte 26,25; GN). Paulus gibt an, dass sein Glaube an Jesus sich unter anderem auf die Vernunft gründe, und er hat häufig von seinem „Glauben an die Wahrheit" gesprochen (2. Thessalonicher 2,13).

Jesus selbst hat gesagt: „Ich bin die Wahrheit" (Johannes 14,6). Christsein heißt also, an die Wahrheit zu glauben; Glaube beinhaltet Rationalität. Wie der Apostel Petrus treffend schreibt: „Seid immer bereit, Rede und Antwort zu stehen, wenn jemand fragt, warum ihr so von Hoffnung erfüllt seid" (1. Petrus 3,15; GN).

Glaube stützt sich also auf die Vernunft, geht aber gleichzeitig auch über die Vernunft hinaus. Man nehme zum Beispiel meine Beziehung zu meiner Frau Pippa. Wenn mich jemand fragen würde, ob meine Liebe für meine Frau rational oder irrational sei, würde ich sagen, dass sie nicht irrational ist. Sie stützt sich auf äußerst triftige Gründe, und es gibt viele Beweise, auf die ich meine Liebe für sie aufbaue. Allerdings wird es unserer Beziehung nicht gerecht, wenn ich sage, meine Liebe zu ihr sei reine Vernunftsache. Zu einer Beziehung gehört mehr als nur die Vernunft; sie erfordert Herz, Seele und unser ganzes Sein. Vernunft ist sicher Bestandteil von Beziehungen, aber Vernunft allein reicht nicht aus.

Genau wie der Glaube so ist auch die Liebe viel größer und umfassender als die reine Vernunft. Gewissermaßen liegt der Glaube an Gott somit jenseits der Vernunft; er geht über die Vernunft hinaus. Papst Johannes Paul II. hat geschrieben:

„[...] *sowohl die Vernunft als auch der Glaube* [sind] *verarmt und beide gegenüber dem je anderen schwach geworden* [...]. *Der Glaube, dem die Vernunft fehlt, hat Empfindung und Erfahrung betont und steht damit in Gefahr, kein universales Angebot mehr zu sein. Es ist illusorisch zu meinen, angesichts einer schwachen Vernunft besitze der Glaube größere Überzeugungskraft; im Gegenteil, er gerät in die ernsthafte Gefahr, auf Mythos bzw. Aberglauben verkürzt zu werden. In demselben Maß wird sich eine Vernunft, die keinen reifen Glauben vor sich hat, niemals veranlasst sehen, den Blick auf die Neuheit und Radikalität des Seins zu richten.*[127]*

Glaube und Vernunft (Fides et Ratio) sind wie die beiden Flügel, mit denen sich der menschliche Geist zur Betrachtung der Wahrheit erhebt.*"[128]

Vater Raniero Cantalamessa schreibt dazu:

„*Sören Kierkegaard, ein großer Philosoph und Glaubender des 19. Jahrhundert, hat gesagt, die höchste Steigerung der menschlichen Vernunft bestehe darin, einzugestehen, dass es noch etwas Höheres gibt. Eben genau diesen Sprung weigern sich viele zu machen. Sie verteidigen die Rechte der Vernunft mit aller Macht und erkennen dabei nicht, dass sie die Vernunft kleinmachen. Sie greifen die Vernunft an, indem sie ihre Fähigkeit verneinen, sich selbst zu transzendieren und aus sich selbst herauszuragen.*"[129]

5. Liebe kann nicht erzwungen werden

Glaube ist wie Liebe und Liebe kann nie erzwungen werden. Denen, die Gott suchen, wird versprochen, dass sie ihn auch finden werden (siehe Matthäus 7,7). Durch Jeremia spricht Gott zu uns: „Und sucht ihr mich, so werdet ihr mich finden, ja, fragt ihr mit eurem ganzen Herzen nach mir, so werde ich mich von euch finden lassen" (Jeremia 29,13–14). Gott zwingt sich uns also nicht auf.

Blaise Pascal, das große Mathematikgenie aus Frankreich, fand Gott durch Jesus Christus, als er einunddreißig Jahre alt war. Er betonte, dass Gott uns genügend Beweise für seine Existenz gegeben hat, um Menschen zu überzeugen, dessen Herz und Verstand offen sind. Doch die Beweislage ist nicht eindeutig genug, um Menschen zu überzeugen, die sich der Vorstellung verschlossen haben, dass es Gott tatsächlich gibt. Pascal schrieb:

„[...] *und indem Er also unverhüllt denen erscheinen will, die Ihn aus ihrem ganzen Herzen suchen, und verborgen denen, die Ihn aus ihrem ganzen Herzen fliehen, begrenzt Er Seine Erkennbarkeit in der Weise, dass Er Zeichen Seiner selbst gegeben hat: sichtbar denen, die Ihn suchen, und nicht denen, die Ihn nicht suchen.*

Er gibt Licht genug für die, welche nichts anderes wollen als sehen, und Dunkelheit genug für die, welche eine entgegengesetzte Veranlagung haben."[130]

Die Antwort auf die Frage: „Wie gut sind die Beweise?" lautet also, dass die Beweise nicht derart bestechen, dass sie den Glauben aufzwingen, wohl aber ausreichen, um den Glauben vernünftig zu machen. Der Verfasser des Hebräerbriefes definiert Glaube als *„Beweis der unsichtbaren Dinge"* (Hebräer 11,1; GN, Fußnote; Hervorh. d. Autors).

Richard Dawkins sagt, bis jetzt habe es niemand geschafft, einen „stichhaltigen Beweis" vorzubringen.[131] Ich möchte diese Aussage jedoch infrage stellen. Auf welche Art von Beweis bauen wir unseren Glauben? Es ist kein einzelner Beweis, sondern eine Reihe von Fakten, aus der sich die Beweislage ergibt. Entsprechend wollen wir die Beweislage in einer dreifachen Gliederung betrachten.

I. Beweise für Gott als Schöpfer

Der Apostel Paulus hat erklärt: „Weil Gott die Welt geschaffen hat, können die Menschen sein unsichtbares Wesen, seine ewige Macht und göttliche Majestät mit ihrem Verstand an seinen Schöpfungswerken wahrnehmen" (Römer 1,20; GN).

Welchen Beweis gibt es für diese Behauptung?

1. Der Beweis, dass es „eher Etwas als Nichts" gibt

In Kapitel 1 haben wir erörtert, dass Naturwissenschaftler heute zur Annahme neigen, das Universum sei nicht immer schon da gewesen, sondern habe vor mehreren Milliarden Jahren mit dem „Urknall" seinen Anfang genommen. Der Urknall wirft aber unweigerlich die Frage auf, was davor war, bzw. wer oder was den Urknall verursacht hat.[132] Oft stößt diese Auffassung jedoch auf wenig Begeisterung. Wie Stephen Hawking geschrieben hat: „Vielen Leuten gefällt die Vorstellung nicht, dass die Zeit einen Anfang hat, wahrscheinlich weil sie allzu sehr nach göttlichem Eingriff schmeckt."[133] Wenn Naturwissenschaftler den Beginn des Universums mit Hilfe des Urknalls erklären, lässt das immer noch die Frage offen, was denn den Urknall verursacht hat. Hat er sich „einfach so" ereignet oder steht Gott dahinter?

Im letzten Absatz seines Buches *God and the Astronomers* („Gott und die Astronomen") schreibt der Astrophysiker Robert Jawstrow:

„Momentan sieht es so aus, als werde die Naturwissenschaft nie den Schleier lüften, hinter dem sich das Geheimnis der Schöpfung verbirgt [...]. Wie sich herausgestellt hat, führen uns die astronomischen Beweise zur biblischen Sicht über den Ursprung der Welt. Die Einzelheiten sind anders, aber in den Grundelementen stimmt die Astronomie mit dem Schöpfungsbericht im

1. Buch Mose überein. Die Folge von Ereignissen, die schlussendlich zur Entstehung des Menschen führte, begann urplötzlich zu einem bestimmten Zeitpunkt in einem Aufblitzen von Licht und Energie."[134]

Die Schlüsselfrage lautet: „Kann es etwas geben, das nicht verursacht wurde?" Eine gängige Veranschaulichung dafür ist die Geschichte eines Atheisten, der an der *Hyde Park Corner* in London eine Rede hielt. Er griff den Glauben an Gott an und nannte Gründe dafür, warum die Welt einfach von sich aus entstanden sei.

Da warf einer seiner Zuhörer eine überreife Tomate, die ihn mitten ins Gesicht traf.

Verärgert wollte er wissen: „Wer hat die geworfen?"

Ein gebürtiger Londoner rief von hinten aus der Menge: „Keiner hat sie geworfen. Sie hat sich selbst geworfen!"

2. Der Beweis der „Feinabstimmung" des Universums

Wie wir in Kapitel 1 gesehen haben, haben Naturwissenschaftler wie Stephen Hawking herausgefunden, dass „selbst nahezu unendlich kleine Unterschiede in der ursprünglichen Explosion, die Kosmologen als den Anfangspunkt unseres Universums betrachten, [...] eine Welt erschaffen [hätten], in der Leben mit Bewusstsein nie hätten entstehen können"[135].

Laut Robert Jastrow, dem ehemaligen Leiter des Instituts für Raumforschung der NASA, ist die Feinabstimmung des Universums „der überzeugendste Beweis für die Existenz Gottes, den die Naturwissenschaft je hervorgebracht hat"[136].

Sir Roger Penrose, Mathematikprofessor an der Oxforder Universität, hat herausgefunden: „Um ein Universum zu erschaffen, das dem unsrigen gleicht, müsste der Schöpfer einen absurd kleinen Teil des Phasenraums der möglichen Universen anvisieren – ungefähr ein Zehntel hoch 10^{123}."[137]

Sir John Houghton schreibt dazu: „Würde man aus allen Bäumen der Erde Papier machen und alle Papiere mit Nullen nach einer Eins vollschreiben, hätte man so gut wie keine der Nullen, die für diese Zahl erforderlich sind. Selbst wenn man auf jedes Atom im Universum eine Null legen könnte, hätte man die erforderlichen Nullen noch lange nicht zusammen."[138] Seine Schlussfolgerung: „Welch Genauigkeit diese Feinabstimmung hat! Größe, Energie und Präzision, die wir selbst in unseren wildesten Vorstellungen nicht fassen können – so wunderbar und gewaltig ist das von Gott geschaffene Universum. Größe, Energie und Präzision sind göttliche Eigenschaften. Und für unsere Existenz als Menschen erfordert es das gesamte Universum mit seiner enormen Größe und seinem zeitlichen Rahmen."[139]

Viele Jahre war Professor Anthony Flew ein führender Atheist, ein Aushängeschild der Atheismusbewegung und einer der einflussreichsten rationalistischen Philosophen. 2004 änderte er seine Meinung. Er glaubt zwar nicht an den Gott der Bibel, aber er ist zu dem Schluss gelangt, dass es einen Gott geben muss. Für diesen Sinneswandel gab es gleich zwei Gründe: erstens, dass das Universum einen Anfang hatte, und zweitens, dass das Universum derart präzise abgestimmt ist. „Flew [...] gab seine lebenslange Hingabe an den Atheismus auf und akzeptiert nun die Existenz

Gottes. Er musste, so drückt er es aus, einfach der ‚Beweislage folgen‘ und anerkennen, dass ‚die Argumente für die Existenz Gottes heute viel schwerwiegender sind als früher‘."[140]

3. Der Beweis der menschlichen Natur

Dawkins selbst muss ein Rechtsbewusstsein haben, sonst würde er Begriffe wie „gut" und „böse" nicht verwenden. Logisch betrachtet kann man solche Ausdrücke nicht verwenden, wenn es tatsächlich „kein universell Gutes oder ein absolutes Gut oder Böse" gibt. Der Philosoph David Hume hat darauf hingewiesen, dass man von „ist" kein „sollte" ableiten kann.[141] Wenn Dinge einfach so existieren, kann es kein absolutes Recht geben. Woher kommt dann aber unser Rechtsbewusstsein? Wir alle tragen dieses Bewusstsein in uns, Dawkins mit eingeschlossen. Doch wo kommt es her? Paulus sagt, dass wir so erschaffen wurden; Gott habe uns mit einem Gewissen ausgerüstet. Er sagt, dass uns das Gesetz in unsere Herzen geschrieben ist, denn unser Gewissen und unsere Gedanken klagen uns entweder an oder sprechen uns frei. Wir haben ein Gewissen (Römer 2,15).

Augustinus, Bischof von Hippo (354–430 n. Chr.), sagte: „Du hast uns für dich selbst erschaffen, und unruhig ist unser Herz, bis es ruht in dir, o Herr."[142] Diese Art von Beweis beruht auf der Erfahrung, auf der Leere im Herzen eines jeden Menschen. Tief im Inneren wissen wir, dass materielle Dinge keine absolute Zufriedenheit schenken können und selbst zwischenmenschliche Beziehungen nicht ausreichen. Bernard Levin (der kein Christ war), der vielleicht größte Kolumnist seiner Generation, schien sich nur allzu bewusst zu sein, wie unzulänglich die Antworten auf die Frage nach dem Sinn des Lebens sind. Er schrieb:

„Ein Land wie das unsrige ist voll von Menschen, die alle materiellen Annehmlichkeiten haben, die man sich wünschen kann, und sogar in den Genuss von nicht-materiellen Segnungen wie einer guten Familie kommen, und doch führen sie ein Leben der stillen – und manchmal auch lauten – Verzweiflung. Sie verstehen dies nicht. Sie wissen nur, dass sie in ihrem Inneren ein Loch haben, und ganz gleich, wie viel Essen und Trinken sie dareinschütten, ganz gleich, wie viele Autos oder Fernseher sie hineinstopfen, ganz gleich, wie viele ausgeglichene Kinder und treue Freunde sie am Rand dieses Loches herumstolzieren lassen ... Es tut immer noch weh.“[143]

Der Mensch macht diese Erfahrung. Der *Encyclopedia Britannica* zufolge sind nur zweieinhalb Prozent der Weltbevölkerung Atheisten. Wie erklären wir den Umstand, dass so viele Menschen auf der Welt an Gott glauben oder für ihn offen sind?

Dawkins ist dieser Frage schon früher mit seiner Theorie über Meme als „Einheiten der kulturellen Vererbung"[144] nachgegangen. Er hat darin die Behauptung aufgestellt, Religion sei so etwas wie ein ausgesprochen ungesunder Virus, der praktisch die gesamte Menschheit infiziert habe. Fairerweise muss gesagt werden, dass Dawkins heute nicht mehr so stark für diese Auffassung eintritt, und das aus gutem Grund: Es gibt für diese Theorie absolut keine Beweise. Sie selbst erfordert blinden Glauben!

In „Der Gotteswahn" schreibt Dawkins, dass Menschen nur deshalb gläubig sind, weil sie so erzogen wurden. Das ist auch der Grund, warum er Menschen davon abbringen möchte, ihre Kinder christlich zu erziehen. Erziehung allein beantwortet aber die Frage nicht, warum so viele Menschen an Gott glauben.

Ein Student sagte einmal zu William Temple, dem bekannten Erzbischof von Canterbury: „Sie glauben, was Sie glauben, weil Sie damit aufgewachsen sind."

Temple erwiderte daraufhin: „Das mag wohl stimmen. Allerdings glauben Sie ‚Sie glauben, was Sie glauben, weil Sie damit aufgewachsen sind' ebenfalls, weil Sie damit aufgewachsen sind."

Außerdem sagt Dawkins, Religion sei einfach nur eine Wunschvorstellung. Diese Theorie geht auf den radikalen deutschen Philosophen Ludwig Feuerbach zurück, der eine ausgesprochene Abneigung gegen Religion hatte:

„1841 stellte Feuerbach die Behauptung auf, Gott sei lediglich eine Erfindung des Menschen, geboren aus dem Wunsch, metaphysischen und spirituellen Trost zu finden. Seine Argumentation sieht folgendermaßen aus: Es gibt keinen Gott. Dennoch glauben viele Menschen an Gott. Warum? Weil sie Trost suchen. Also ‚projizieren' oder ‚objektivieren' sie ihre Sehnsüchte und nennen das Ergebnis ‚Gott'. Folglich ist dieser nichtexistente Gott schlicht eine Reflexion, eine Spiegelung menschlicher Bedürfnisse." [145]

Doch wie C. S. Lewis angemerkt hat, würde „ein Wunschdenken wie das oben beschriebene einen anderen Gott erstehen lassen" als den „Gott der Bibel".[146] Nur weil wir uns etwas wünschen, bedeutet das noch lange nicht, dass diese Sache nicht auch existiert. So weist der Durst des Menschen darauf hin, dass es Wasser gibt, welches den Durst stillen kann. Alle Weltanschauungen, die des Atheismus eingeschlossen, stellen eine Antwort auf menschliche Bedürfnisse und Wünsche dar.

Der Wunsch nach etwas sagt andererseits jedoch noch lange nichts darüber aus, ob es dieses Etwas auch wirklich gibt. Jemand mag sich einen Schokoladenkuchen mit einer dreifachen Portion Schokolade wünschen, der keine Kalorien hat. Zwecklos – so etwas gibt es einfach nicht. Man könnte entsprechend einwenden, dass der Atheismus ebenfalls eine Wunschvorstellung sei, weil sich etwas in uns nach moralischer Autonomie sehnt; uns gefällt der Gedanke nicht, jemand könne uns sagen, dass bestimmte Dinge falsch sind. Die Menschen wollen eben frei sein, ihr eigenes Leben zu führen.

Tatsache bleibt, dass es in jedem Menschen jenes gottförmige Vakuum gibt. Unter Bezugnahme darauf schrieb Pascal, dass „die unendliche Kluft nur durch ein unendliches und unabänderliches Objekt gefüllt werden kann, nämlich durch Gott selbst"[147]. Mit anderen Worten: Jeder Mensch hat ein Vakuum im Herzen, das durch nichts anderes in der Schöpfung gefüllt werden kann, als nur durch Gott den Schöpfer, der in der Person Jesus Christus auf diese Welt kam.

II. Beweise für Gott als Befreier

John Stott hat geschrieben:

„Gott hat sich zum Teil in der geordneten Schönheit des erschaffenen Universums offenbart. Er hat sich zum Teil in der Geschichte und der Erfahrung, im menschlichen Gewissen und Bewusstsein offenbart [...]. Gottes volle und endgültige Offenbarung seiner selbst [...] kam jedoch allein durch Jesus. [...] Aus diesem Grund muss jede Frage nach der Wahrheit des Christentums mit dem historischen Jesus beginnen.“[148]

1. Der Beweis vom Leben Jesu

In „Der Gotteswahn“ schreibt Dawkins: „Man kann sogar eine ernsthafte historische Argumentation konstruieren – die allerdings keine verbreitete Unterstützung erfährt –, wonach Jesus überhaupt nie gelebt hat.“[149] Diese Argumentation erfährt deshalb keine verbreitete Unterstützung, weil es eine Menge Beweise für die Existenz Jesu gibt. Diese stammen nicht nur aus den Evangelien, sondern auch aus nichtchristlichen Quellen (siehe Anhang). Der römische Historiker Tacitus hat zum Beispiel geschrieben: „Dieser Name [der Christen] stammt von Christus, der unter Tiberius vom Prokurator Pontius Pilatus unter größter Strafe [d. h. Kreuzigung] hingerichtet wurde.“[150]

Es gibt also auch außerhalb des Neuen Testaments Beweise, dass es den historischen Jesus wirklich gegeben hat. Selbst wenn es das Neue Testament nicht geben würde, wüssten wir trotzdem Folgendes über ihn:

- Jesus von Nazareth war eine reale Person und lebte während der Herrschaft von Pontius Pilatus.
- Er war ein bedeutender Lehrer.
- Er erwarb sich einen Ruf als Wundertäter.
- Das Volk war geteilter Meinung über ihn.
- Er erregte den Zorn der Obrigkeiten.
- Er wurde am Kreuz hingerichtet.
- Sein Einfluss nahm *nach* seiner Kreuzigung rapide zu.[151]

Daneben liegt uns noch das Zeugnis des Neuen Testaments vor. Richard Dawkins weist diese Berichte jedoch zurück, indem er sagt: „Alle Texte wurden später über viele Generationen der ‚stillen Post' hinweg immer wieder abgeschrieben (siehe Kapitel 5), und die Schreiber arbeiteten erstens nicht fehlerfrei und hatten zweitens ohnehin ihre eigenen religiösen Ziele."[152] Diese Bemerkung deutet auf ein Missverständnis hin, darüber, wie Textkritik funktioniert. Bei der „stillen Post" wird eine Botschaft immer nur von einer Person zur nächsten weitergegeben. Unterläuft in der Kette auch nur einer Person ein Irrtum, können sich dadurch riesige Fehler in die Botschaft einschleichen. Von den Evangelien wurden dagegen an jedem Punkt der Überlieferung minutiös mehrere Kopien angefertigt, sodass man Fehler ganz leicht bemerken konnte. Genauer gesagt liegen uns heute 24.000 Manuskripte vor (siehe Anhang). Von keinem anderen Dokument der Antike liegt eine größere Anzahl an Manuskripten vor, bei keinem entstanden Kopien derart zeitnah und keines weist so wenige Unterschiede zwischen den Manuskripten auf. Jeder säkulare Historiker muss eingestehen, dass wir damit wirklich wissen, was die Verfasser der Evangelien geschrieben haben (siehe Anhang für Details).

Die Evangelien sind die Hauptquelle für Informationen über das Leben von Jesus. Richard Dawkins schreibt: „Die vier Evangelien, die in den offiziellen Kanon gelangten, wurden mehr oder weniger willkürlich aus einer größeren Zahl ausgewählt."[153] Das ist nicht wahr. Sie wurden anhand ihrer Apostolizität, ihrer Universalität und ihrer Orthodoxie ausgewählt. Dawkins vergleicht die Evangelien mit Dan Browns Roman „Sakrileg" und fügt hinzu: „Der einzige Unterschied besteht darin, dass ‚Sakrileg' eine moderne literarische Erfindung ist, während die Evangelien schon vor sehr langer Zeit erfunden wurden."[154]

Albert Einstein wurde einmal gefragt, ob er das Neue Testament für einen gültigen historischen Befund über das Leben Jesu halte, worauf er entgegnete: „Ohne Frage! Niemand kann die Evangelien lesen, ohne dabei die Gegenwart Jesu zu spüren. Seine Persönlichkeit pulsiert in jedem Wort. Kein Mythos ist so voller Leben."[155]

Durch eine Reihe historiografischer Methoden haben neuere Forschungen ergeben, dass die in den Evangelien übernommene mündliche Überlieferung ebenfalls eine hohe Glaubhaftigkeit besitzt. So hat zum Beispiel Richard Bauckham, ein hochgeachteter Professor für neutestamentliche Studien an der Universität von St. Andrew, überzeugende Argumente dafür geliefert, dass die Augenzeugen von Jesu Leben, Tod und Auferstehung ihr Leben lang die anerkanntesten und maßgebendsten Quellen für jene Traditionen über Jesus blieben, aus denen die vier Verfasser der Evangelien ihre Berichte entnahmen. Außerdem sind die Texte der Evangelien höchstwahrscheinlich viel näher an der Art und Weise dran, wie die Zeugen damals ihre Geschichten erzählt haben, als die meisten Gelehrten des 19. und 20. Jahrhunderts zu würdigen wussten.[156]

2. Der Beweis der Identität Jesu

Richard Dawkins schreibt: „Die historischen Belege, wonach Jesus tatsächlich einen göttlichen Status für sich in Anspruch nahm, sind äußerst dünn."[157] Es gibt drei Hauptbeweisstücke, die erkennen lassen, dass Jesus einen göttlichen Status für sich in Anspruch nahm (siehe Anhang für eine ausführlichere Analyse dieser Behauptungen).

Erstens drehte sich seine Lehre um sich selbst. Die meisten religiösen Lehrer weisen von sich selbst weg. Jesus, der überaus demütig und zurückhaltend war, wies auf sich selbst, um Menschen auf Gott zu verweisen. „Wer mich gesehen hat, hat den Vater gesehen", sagte er (Johannes 14,9).

Zweitens gibt es indirekte Hinweise wie zum Beispiel Jesu Behauptung, Sünden vergeben zu können. Die Menschen, die sahen, wie er anderen ihre Schuld vergab, sagten: „Wer kann Sünden vergeben außer einem, Gott?" (Markus 2,7).

Drittens gibt es direkte Aussagen zum Thema von ihm – vor allem bei dem Ereignis, als Thomas vor ihm niederkniete und sagte: „Mein Herr und mein Gott!" (Johannes 20,28), und Jesus dies ohne Widerspruch annahm. Bei einer anderen Begebenheit sagte Jesus: „Ich und der Vater sind eins" (Johannes 10,30). Und als die

Juden anfingen, Jesus zu steinigen, fragte er: „Warum steinigt ihr mich?" Sie entgegneten, dass sie ihn wegen Lästerung steinigten, „weil du, der du ein Mensch bist, *dich selbst zu Gott machst*" (Johannes 10,33; Hervorheb. d. Autors).

Es gibt solide historische Hinweise darauf, dass Jesus sich selbst als einen Menschen sah, dessen Identität darin bestand, Gott zu sein. Wenn das wirklich der Fall ist, dann gibt es – wie C. S. Lewis angemerkt hat – nur drei logische Erklärungen dafür: Erstens könnte die Behauptung stimmen. Zweitens könnte die Behauptung falsch sein, und Jesus war sich nur allzu bewusst, dass die Behauptung falsch war. In dem Fall wäre Jesus ein Hochstapler und kaltblütiger Lügner gewesen. Drittens könnte seine Behauptung falsch sein, wobei Jesus allerdings nicht wusste, dass sie falsch war. In dem Fall wäre er verblendet gewesen.[158]

Richard Dawkins weist Lewis' Argument zurück und meint, eine vierte Möglichkeit liege „eigentlich so auf der Hand, dass man sie kaum zu erwähnen braucht: Jesus war ehrlich, hatte aber unrecht"[159]. Dawkins sagt also, Jesus habe sich ehrlich für Gott gehalten, falle aber nicht in die dritte Kategorie der Verblendung. Natürlich kann man bei einigen Dingen im Leben ehrlich unrecht haben, ohne dadurch gleich verblendet oder verrückt zu sein. Man kann sich ehrlich, aber fälschlich für einen guten Tennisspieler halten. Aber auf keinen Fall kann man sich ehrlich für Gott halten, ohne verblendet zu sein!

Paradoxerweise bezeichnet Dawkins es in „Der Gotteswahn" schließlich als Wahn, wenn man in seinem Glauben an Gott ehrlich unrecht hat; wenn man aber in seinem Glauben, Gott zu sein, ehrlich unrecht hat, sei das kein Wahn. Damit sagt er im Grunde, alle Christen seien einem Wahn verfallen, weil sie an Gottes Existenz glauben, aber Jesus wiederum war keinem Wahn verfallen, obwohl er sich selbst für Gott hielt. Dieses Argument ergibt logisch gesehen keinen Sinn.

Um beurteilen zu können, welche der drei von C. S. Lewis skizzierten Möglichkeiten stimmt, müssen wir einen Tatsachenbestand über Jesus aufnehmen: sein Leben, seine Lehren, seinen Charakter (selbst Richard Dawkins hat an Jesus nichts auszusetzen), seine Erfüllung von Prophetien und natürlich seine Auferstehung (siehe Anhang für eine genaue Untersuchung dieser Beweislage).

3. Der Beweis für den Tod und die Auferstehung von Jesus

Die leibhaftige Auferstehung Jesu Christi von den Toten ist der Eckstein des Christentums. Und doch schenkt Dawkins diesem Aspekt in „Der Gotteswahn" keine Beachtung. Doch wenn man sich nicht mit dem schlagendsten Argument einer Position auseinandersetzt, dann deutet dies definitiv darauf hin, dass die eigene Argumentation auf schwachen Füßen steht. Man findet immer Dinge, die man widerlegen kann, aber wenn man eine Glaubensüberzeugung wie das Christentum in ihrer Gesamtheit widerlegen möchte, dann sollte man sich doch dem stärksten Argument dieses Glaubens stellen.

Bei mir waren es das Leben, der Tod und besonders die Auferstehung Jesu, die mich veranlasst haben, an Gott zu glauben. Tom Wright, der neutestamentliche

Theologe und Bischof von Durham, sagte: „Die Botschaft des Christentums liegt nicht darin, dass wir Jesus im Rahmen eines uns bereits bekannten Gottes begreifen. Vielmehr lautet sie: Die Auferstehung Jesu legt nahe, dass die Welt einen Schöpfer hat und dass Jesus den Rahmen vorgibt, durch den dieser Schöpfer betrachtet werden sollte. Er ist die Brille, durch die wir Gott sehen."

Aber welche Beweise gibt es dafür, dass die Auferstehung auch tatsächlich stattgefunden hat? Es gibt vier historische Fakten, die es zu untersuchen gilt (siehe Anhang):

▸ Jesu Beisetzung,
▸ die Entdeckung des leeren Grabes,
▸ Augenzeugenberichte darüber, dass er auch nach dem Tod gesehen wurde,
▸ der Ursprung des Auferstehungsglaubens der Jünger.

Tom Wright schlussfolgert in seinem Buch *The Resurrection of the Son of God* („Die Auferstehung des Sohnes Gottes"), dass wir zwei Tatsachen ins Auge sehen müssen, die zusammengenommen überaus schlagkräftig sind:

„Uns bleibt die historische Gewissheit: Das Grab war leer, und es hat verschiedenste Begegnungen gegeben, nicht nur zwischen Jesus und seinen Anhängern, sondern auch [...] zwischen Jesus und Menschen, die ihm nicht nachgefolgt waren. Die historische Wahrscheinlichkeit, dass diese Schlussfolgerung wirklich korrekt

ist, halte ich für derart hoch, dass sie so gut wie sicher ist und in dieselbe Kategorie gehört wie der Tod von Augustus im Jahr 14 v. Chr. oder die Zerstörung Jerusalems im Jahr 70 n. Chr."[160]

Daraufhin beschreibt Wright das explosive Wachstum des Christentums in der damals bekannten Welt und sagt: „Als Historiker kann ich das Wachstum der frühen christlichen Bewegung nicht erklären, es sei denn, Jesus ist tatsächlich auferstanden und hat ein leeres Grab hinterlassen." Das ist ein ganz wesentlicher Punkt. Wenn wir uns nämlich erst einmal mit den Beweisen auseinandergesetzt haben, warum Jesus wirklich gleichzeitig Mensch und Gott war, werden wir seinen Auftrag auch ganz anders beurteilen.

Richard Dawkins hält das Kreuz für „bösartig, sadomasochistisch und abstoßend" und sagt, man könne es eigentlich auch „als total verrückt abtun".[161] Damit hätte er auch recht, wenn Jesus nicht Gott wäre. Doch wie Paulus sagt, ist Gott in der Person von Jesus Christus in diese Welt gekommen und hat „die Menschen mit sich versöhnt" (2. Korinther 5,19; GN). Gott war in der Person Christus am Kreuz. Er hat unsere Sünden auf sich genommen und ist für uns gestorben, und das verändert Menschenleben. In seinem 1. Brief an die Gemeinde in Korinth schreibt Paulus, dass die Botschaft des Kreuzes für viele barer Unsinn ist. Die Gelehrten und Philosophen halten sie ebenfalls für baren Unsinn, aber wir, die sie erfahren haben, halten sie für das Zeichen der Kraft Gottes. Das Kreuz kann unser Leben verändern und uns freisetzen, weil Jesus Christus auf diese Erde gekommen ist, um uns zu befreien.

III. Beweise dafür, dass Gott ein Veränderer und Erneuerer ist

Für viele Menschen liegt der eindrucksvollste Beweis für Gottes Existenz darin, dass Einzelpersonen und ganze Gruppen verwandelt wurden. Der Apostel Paulus hat geschrieben: „Wir alle [...] werden [...] in das Spiegelbild verwandelt und bekommen mehr und mehr Anteil an der göttlichen Herrlichkeit. Das bewirkt der Herr durch seinen Geist" (2. Korinther 3,18; GN).

1. Der Beweis für die Veränderung von Paulus und den Aposteln

Es gibt eine Menge historischer Befunde dafür, dass die Apostel durch das verändert wurden, was sie für eine Erfahrung mit dem auferstandenen Jesus Christus und die Ausgießung des Heiligen Geistes hielten. Ein Beispiel mag das deutlich machen.

Paulus, der die junge Christengemeinde bislang verfolgt hatte, wurde mit unglaublicher Plötzlichkeit ein führender Verfechter des Christentums. Was hat diesen erstaunlichen Wandel verursacht? Paulus' Antwort ist unmissverständlich: Er habe den einst gekreuzigten und nun von den Toten auferstanden Jesus gesehen. „Habe ich nicht Jesus, unseren Herrn, gesehen?" (1. Korinther 9,1). Er zählt auf, wann der auferstandene Christus schon früher anderen begegnet sei, und fügt dann hinzu: „Als Letztem von allen erschien er auch mir, dem Unerwarteten, der ‚Missgeburt'" (1. Korinther 15,8). Der Bericht in der Apostelgeschichte untermauert Paulus' Behauptung, er habe den auferstandenen Christus gesehen (Apostelgeschichte 9,4 ff.; 22,7 ff.; 26,14 ff.).

Vor geraumer Zeit gab es zwei angesehene Juristen: George Lord Lyttelton und Gilbert West. Sie waren beide Atheisten und fest entschlossen, dem christlichen Glauben den Garaus zu machen. Sie trafen eine Vereinbarung, dass sie das auf zweifache Weise erreichen wollten – indem sie den Glauben an die Auferstehung von Jesus Christus sowie die Glaubwürdigkeit der plötzlichen Lebenswende von Paulus untergruben.

Lyttelton sagte zu West: „Ich werde ein Buch darüber schreiben, dass Saulus von Tarsus nie so zum Glauben kam, wie es in der Apostelgeschichte beschrieben wird."

West schlug vor: „Und ich schreibe ein Buch, in dem ich beweise, dass Jesus Christus nicht von den Toten auferstanden ist."

Nachdem sie ihre Bücher verfasst hatten, trafen sie sich wieder.

West erkundigte sich bei Lyttelton: „Wie seid Ihr zurechtgekommen?"

Lyttelton erwiderte: „Ich habe mein Buch geschrieben. Es trägt den Titel ‚Observations on the Conversion and Apostleship of St. Paul' [‚Untersuchungen zur Bekehrung und zum Apostolat des Heiligen Paulus']. Vom juristischen Standpunkt aus gesehen hat mich die Beweislage zu dem Schluss geführt, dass Saulus von Tarsus tatsächlich so zum Glauben kam, wie es in der Apostelgeschichte beschrieben wird, und dass er sich wirklich grundlegend geändert hat. Ich bin nun Christ. Wie ist es Euch ergangen?"

Daraufhin entgegnete West: „Nun, ich habe das Beweismaterial zur Auferstehung Jesu Christi aus juristischer Sicht überprüft und bin zu der Überzeugung gelangt, dass Jesus von Nazareth genau so von den Toten auferstanden ist, wie es in den Evangelien von Matthäus, Markus, Lukas und Johannes beschrieben wird."

Wests Buch trägt den Titel *Observations on the History and Evidences of the Resurrection of Jesus Christ* („Untersuchungen zur Geschichte und Beweislage der Auferstehung Jesu Christi"). Auf das Deckblatt schrieb er ein Zitat aus dem Buch Jesus Sirach 11, Vers 7: „Tadle nicht, ehe du geprüft hast" (EÜ).

Lyttelton schrieb über den Tatsachenbestand von Paulus' Lebensveränderung: „Wenn man die Bekehrung und das Apostolat des Heiligen Paulus ordnungsgemäß untersucht, reicht das allein schon aus, um zu beweisen, dass der christliche Glaube eine göttliche Offenbarung ist."[162]

2. Der Beweis von Einzelpersonen und Gesellschaften, die im Verlauf der Kirchengeschichte sowie in der heutigen Zeit Lebensveränderung erfahren haben

Es gibt so viele Beispiele: die Lebenswenden von Augustinus, von Martin Luther, von John Wesley. Ich persönlich habe unzählige Geschichten von Menschen in unserer Gemeinde und weltweit gehört, deren Leben sich durch den Alpha-Kurs von Grund auf verändert hat. Ein typisches Gespräch verläuft in etwa so:

„Waren Sie Christ?"

„Nein, war ich nicht."

„Was ist passiert?"

„Ich bin Jesus begegnet."

„Wie hat sich diese Begegnung auf Ihr Leben ausgewirkt?"

„Nun, er hat meine Beziehung zu meiner Frau völlig verändert." – „Nun, er hat mich vom Drogenkonsum frei gemacht." – „Er hat mich vom Alkoholismus befreit."

Dazu möchte ich nur ein weiteres Beispiel anführen. Francis Collins – zurzeit einer der führenden Wissenschaftler – hat Folgendes erzählt:

„Ich bin auf einer kleinen Farm in Virgina groß geworden. [...] Meine Eltern waren Freidenker [...] und Religion spielte für sie einfach keine große Rolle. [...] Zunächst wurde ich Agnostiker und später Atheist. [...]

Eines Nachmittags sprach eine freundliche alte Dame, die nur noch wenige Wochen zu leben hatte, mit mir sehr offen über ihren Glauben an Jesus und fragte mich anschließend: ‚Herr Doktor, was glauben Sie denn?' [...]

Ich bin mit dem beunruhigenden Gefühl aus dem Zimmer geflüchtet, dass das atheistische Eis unter meinen Füßen zu brechen begann, auch wenn ich nicht genau wusste, warum. Und dann traf mich der Grund für mein Unbehagen wie ein Schlag: Ich bin Wissenschaftler. Ich soll doch Entscheidungen auf der Grundlage von Beweisen treffen. Und trotzdem hatte ich nie wirklich die Beweislage für und wider den Glauben untersucht.

Als ich die Beweislage gründlicher erforschte, fing ich an, überall um mich herum Hinweise darauf zu erkennen, dass es etwas jenseits der Natur geben muss – etwas, das man nur als ‚Gott' bezeichnen kann. Mir ging auf, dass man mit Hilfe der Naturwissenschaft wirklich nur beantworten kann, WIE Dinge funktionieren. Fragen nach dem WARUM kann sie nicht beantworten, obwohl das doch die wichtigsten Fragen überhaupt sind. Warum gibt es eher Etwas als Nichts? Warum kann man mit Hilfe der Mathematik die Natur auf so wundersame Weise beschreiben? Warum ist das Universum so haargenau darauf abgestimmt, Leben zu ermöglichen? Warum haben wir Menschen ein universelles Bewusstsein für Richtig und Falsch und den Drang, das Richtige zu tun [...]?

Angesichts dieser Erkenntnisse merkte ich, dass meine eigene Unterstellung, religiöser Glaube sei das Gegenteil von Vernunft, unsachgemäß war. Ich hätte es besser wissen sollen. Immerhin definiert die Bibel den Glauben als ‚eine feste Zuversicht auf das, was man hofft, eine Überzeugung von Tatsachen, die man nicht sieht‘. Tatsachen! Gleichzeitig merkte ich, dass der Atheismus in Wirklichkeit die am wenigsten vernunftgegründete aller Möglichkeiten ist. Wie Chesterton geschrieben hat: ‚Der Atheismus ist wahrlich der wagemutigste aller Glaubenssätze ... es ist die Behauptung eines universellen Negativen.‘ Wie konnte ich nur so arrogant sein, eine derartige Behauptung aufzustellen?

Nach weiteren zwei Jahren der inneren Suche fand ich schließlich meine eigene Antwort – in der liebenden Person Jesu Christi. Ich entdeckte einen Menschen, der mit keinem anderen zu vergleichen ist. Er war demütig und barmherzig. Er kümmerte sich um Menschen, die ganz unten in der Gesellschaft standen. Er hat verblüffende Aussagen über die Feindesliebe gemacht. Und er hat etwas versprochen, das kein gewöhnlicher Mensch

zu versprechen vermag, nämlich Sünden zu vergeben.
Dazu kam noch, dass ich Jesus mein ganzes Leben lang
als Mythos betrachtet hatte. Das hatte ich einfach als
gegeben angenommen. Nun war ich überrascht festzu-
stellen, dass die Beweise für seine historische Existenz
in Wirklichkeit überwältigend sind.

Am Ende kam ich zu dem Schluss, dass die Beweis-
lage einen Urteilsspruch erforderte. In meinem 28. Le-
bensjahr, als ich über das majestätische Kaskadenge-
birge im Nordwesten der Vereinigten Staaten wanderte,
konnte ich nicht länger leugnen, dass ich Vergebung
und Lebensveränderung brauchte. Ich gab nach und
wurde ein Nachfolger Jesu. Heute ist er der Fels, auf
dem ich stehe, meine Quelle für höchste Liebe, endgülti-
gen Frieden, äußerste Freude und tiefste Hoffnung."[163]

Überall auf der Welt sind immer wieder Millionen von
Menschen dem auferstandenen Christus begegnet. Das
muss als Beweis dazugerechnet werden. Dabei wurden
nicht nur Einzelpersonen verändert, sondern ganze Gesellschaften. Die Kirche ist ein stichhaltiger Beweis. Sie
hat sich im Leben von Milliarden von Männern und
Frauen positiv ausgewirkt. Sie hat die Gesellschaft, die
Kultur, die Künste und die Philosophie beeinflusst. Wir
haben bereits gesehen, dass die Kirche das Saatbeet für
das Unterfangen Naturwissenschaft selbst gewesen ist.
Sie hat sich auf das Familienleben ausgewirkt, auf die
Würde des Menschen, auf Kinderrechte, den Dienst an
den Armen, Kranken, Sterbenden und Obdachlosen.

C. S. Lewis hat gesagt: „Ich glaube an das Christentum, so wie ich glaube, dass die Sonne aufgegangen ist."[164] Nicht nur kann man die Sonne aufgehen sehen, sondern ihretwegen kann man alles andere sehen. Lewis wollte damit veranschaulichen, dass der Glaube ein völlig neues Verständnis der Welt schafft. Augustinus hat gesagt: „Credo ut intelligam" („Ich glaube, damit ich erkennen kann.") Ganz ähnlich funktioniert die Naturwissenschaft: Man stellt eine Hypothese auf und prüft sie dann anhand der Beweise. Der Glaube ist es, durch den wir die Welt erfassen. In der Person Jesus sind wiederum „alle Schätze der Weisheit und Erkenntnis verborgen" (Kolosser 2,3). Unsere Kenntnis des Universums kommt durch den Glauben. Das ist eine Wechselwirkung. In der Broschüre *Fides et Ratio* („Glaube und Vernunft") von Papst Johannes Paul II. trägt ein Kapitel den Titel „Credo ut Intelligam" („Ich glaube, damit ich erkennen kann.") und das darauffolgende Kapitel heißt „Intelligo ut Credo" („Ich verstehe, damit ich glauben kann"). Damit ist gemeint, man hört nicht auf, Dinge zu erforschen, nachdem man gläubig geworden ist.

Richard Dawkins scheint der Annahme verfallen zu sein, dass Christen und andere Menschen, die an einen Gott glauben, ihren Verstand ausschalten. Das stimmt natürlich nicht. Wenn man Christ wird, entwickelt man dadurch auch größeres Interesse an seiner Umwelt. Man beginnt zu forschen, weil man das von Gott erschaffene Universum verstehen möchte. Zwei Beispiele, wie uns christliche Theologie beim Verständnis der Welt hilft, sind die zusammengehörenden Lehren von Schöpfung und Sündenfall. Die Schöpfungslehre erklärt die allgegenwärtige Schönheit – dass jeder Mensch etwas Würdevolles hat. Die Lehre vom Sündenfall erklärt, warum nichts je ganz vollkommen ist, sowohl in der Natur als auch im Herzen des Menschen.

Alexander Solschenizyn, der große russische Autor, hat geschrieben: „Allmählich wurde mir offenbar, dass die Linie, die Gut und Böse trennt, nicht zwischen Staaten, nicht zwischen Klassen und nicht zwischen Parteien verläuft, sondern durch jedes Menschenherz."[165] Der Glaube an Gott ist ein erster Schritt, um aus der Welt schlau zu werden. Glaube liefert eine Erklärung für die Religion, den Atheismus, den menschlichen Geist, die logische Struktur des Universums, Gerechtigkeit und Freundschaft. Am allermeisten aber liefert Glaube eine Erklärung für die Liebe.

Wenn diese Welt keinen Gott hat, wenn sie „einfach so" entstanden ist – wie erklären wir dann die Liebe? Wie Graham Tomlin im Nachwort seines Buches erklärt, ist Richard Dawkins' Versuch, die Liebe zu erklären, nicht sehr befriedigend:

„Letzten Endes steht man vor einer ganz einfachen Entscheidung: Ist die Liebe ein ‚in die Irre gegangener Instinkt', ein zufälliges Nebenprodukt der Evolution, eine leicht durchschaubare Strategie im persönlichen und genetischen Überlebenskampf? Oder ist sie vielmehr der Mittelpunkt der Realität, der Grund für unser Dasein? Dawkins und der christliche Glaube geben zwei von Grund auf verschiedene Antworten auf diese Frage. Für Dawkins ist die Liebe nichts weiter als ein Verse-

hen. Für uns Christen ist sie der Kern von allem, was wir sind. Wir sind nach dem Bild eines Gottes geschaffen, der die Liebe ist, und wir sind dazu bestimmt, lieben zu lernen und geliebt zu werden. Es ist der Sinn und Zweck unserer Existenz. Wir Christen empfinden tief in unserem Inneren, dass die Liebe kein zufälliges Nebenprodukt ist, kein ,segensreicher Fehler', sondern vielmehr das Hauptanliegen menschlichen Lebens und menschlicher Erfüllung."[166]

Schlussfolgerung

Am Ende eines jeden Kapitels habe ich über meine eigene Erfahrung geschrieben und ich möchte dieses Buch auf dieselbe Weise zum Abschluss bringen.

Als Teenager habe ich lange Zeit Einwände gegen das Christentum vorgebracht. Als mir zwei meiner besten Freunde, Nicky und Sila Lee, erzählten, sie seien Christen geworden, gab mir das den nötigen Anreiz, um die Fakten genauer zu durchleuchten. Ich fing an, das Neue Testament zu lesen. Dabei las ich die Evangelien nicht als das inspirierte Wort Gottes, sondern einfach als historische Dokumente, und mir erschienen sie glaubwürdig. Ich erkannte, dass es Beweise gab, die dafür sprachen, dass Jesus existierte und dass er der war, der er zu sein behauptete, und so musste ich eine Entscheidung treffen.

Das entsprach nicht gerade meinen Wünschen, denn damals dachte ich, wenn die Gute Nachricht tatsächlich wahr sei und ich Christ würde, würde das Leben schrecklich werden! Ich entschied mich trotzdem dafür und dachte damals wirklich, damit sei es nun vorbei mit dem Spaß.

In dem Augenblick, als ich diesen Schritt machte, begegnete ich jedoch dem lebendigen Jesus Christus – dem Auferstandenen –, und ich erkannte: Das war es, wonach ich unbewusst mein ganzes Leben lang gesucht hatte. Ich hatte dieses gottförmige Vakuum in mir. Zwar war ich mir seiner nicht bewusst gewesen, aber nichts schien mich bis dato je wirklich zu befriedigen. Immer hielt ich Ausschau nach der nächsten Sache, die es auszuprobieren galt, um Befriedigung zu finden.

Als ich dann diese Gottesbeziehung durch Jesus Christus erlebte, war meine Sehnsucht gestillt. Durch den Heiligen Geist erlebte ich Gottes Liebe für mich, und das bereitete meiner damaligen Überzeugung, all unser Tun sei immer nur von Selbstsucht getrieben, ein Ende. Ich begann zu verstehen, dass, wenn es einen Gott gibt, er uns mit seiner Liebe durchdringen und uns die Freiheit schenken kann, andere zu lieben, was sich gewaltig auf unser Leben auswirkt. Und genau das habe ich in den vergangenen dreiunddreißig Jahren erlebt.

Das Leben ist nicht immer einfach. Es gibt eine dunkle Seelennacht. Es gibt schmerzhafte Erfahrungen des Zweifels und des Leids und aller möglichen Dinge, die unseren Glauben herausfordern, doch letztendlich habe ich die Erfahrung gemacht, dass es wirklich gute Gründe gibt, um an Gott zu glauben. Unser Glaube widerspricht nicht der Vernunft; er ist durchdacht. Gleichzeitig geht er aber über die reine Vernunft hinaus, denn er besteht aus einer Beziehung zu dem

Gott, der uns erschaffen hat. Für mich ist der entscheidende Punkt der, dass ich zusammen mit dem Apostel Paulus und zahllosen anderen sagen kann: „Ich weiß, wem ich geglaubt habe" (2. Timotheus 1,12).

▶▶ Was sagt die Theologie dazu?

Einleitung

„Der Gotteswahn" von Richard Dawkins ist ein Phänomen. Monatelang war das Buch ein Verkaufsschlager und hat alle Erwartungen übertroffen – selbst die des Autors. Vor zehn Jahren wäre es schwer vorstellbar gewesen, dass ein Buch über Religion in den Medien derart viel Aufmerksamkeit auf sich ziehen würde. Das zeigt, wie sehr sich die Welt im vergangenen Jahrzehnt verändert hat.

Es lohnt sich, gleich zu Beginn zu fragen, warum Dawkins' Buch so erfolgreich gewesen ist. Dafür gibt es eine Reihe von möglichen Gründen. Erstens wegen der Auswirkungen des 11. Septembers 2001. Von dem schrecklichen Tag an, als die Flugzeuge in die Zwillingstürme des *World Trade Centers* krachten und sich dies als Werk religiöser Extremisten entpuppte, sind Gott und Religion zu überaus öffentlichen Diskussionsthemen geworden. Seitdem haben Anschläge in Madrid, London, Bali, Irak und an anderen Orten in der ganzen Welt auf das gefährliche Phänomen des religiösen Extremismus aufmerksam gemacht. Wir sind uns nur zu gut bewusst, dass der Glaube an einen Gott Menschen dazu veranlassen kann, alle möglichen gewalttätigen und zerstörerischen Dinge zu tun, weshalb sich viele zu Recht Sorgen um die potenziell destruktiven Folgen des Glaubens in der modernen Welt machen.

Man könnte meinen, dass sich dieser Argwohn und Zorn hauptsächlich auf den extremen Islamismus richten würde, der in den Medien für gewöhnlich als die Hauptursache religiöser Gewalttaten in der heutigen Zeit dargestellt wird. Doch auch das Christentum ist nicht ungeschoren davongekommen. Obwohl es schwer ist, heute noch viele Beispiele für gewalttätigen christlichen Extremismus zu finden, so ist die Kirchengeschichte doch alles andere als unbefleckt. Kritiker müssen nur auf die mittelalterlichen Kreuzzüge, den damaligen Antisemitismus und einige haarsträubende Aussagen von sonderbaren Randgruppen des heutigen Christentums weisen, um die Christen in einen Topf mit Al Kaida zu werfen und als gefährliche Fanatiker zu brandmarken. In diesem Kontext ist es praktisch vorprogrammiert, dass ein Buch, in dem mit allem Nachdruck gegen die Existenz Gottes und für die schädlichen Auswirkungen der Religion argumentiert wird, eine große Leserschaft findet und ebenso großes Interesse weckt.

Der zweite Faktor ist Dawkins' eigene Reputation. Wie allgemein bekannt, ist er *Charles Simonyi Professor of the Public Understanding of Science* (Professor für das öffentliche Wissenschaftsverständnis) an der Universität Oxford. Eine solch namhafte akademische Stellung verleiht seinen Argumenten ein gewisses Gewicht, das sie nicht hätten, wenn sie von jemand in einem weniger renommierten Amt geäußert würden. Man hat es mit einem seriösen Wissenschaftler zu tun, der allem Anschein nach weiß, wovon er spricht, wenn er den Fortschritt der Naturwissenschaften darlegt und aufzeigt, in welcher Weise sie angeblich die Religion in den Hintergrund drängen, wenn es darum geht, die Welt zu erklären. Er ist kein Gelegenheitsjournalist; er hat eine Stimme, die es ernst zu nehmen gilt.

Der dritte Faktor sind Dawkins' andere Schriften und seine Fabulierkunst. Durch seine vorherigen Werke wie „Das egoistische Gen" und „Der blinde Uhrenmacher" hat er gezeigt, dass er einer der Autoren ist, die heutzutage einer Laienleserschaft am erfolgreichsten die Naturwissenschaften erklären. Er übertrifft die meisten seiner Zeitgenossen durch seine bemerkenswerte Fähigkeit, Nichtfachleuten komplexe wissenschaftliche Zusammenhänge zu erklären.

Einer der vielleicht besonders überraschenden Aspekte des Buches ist, dass sich sein Erfolg mehr auf Rhetorik gründet als auf wirkliche Argumente. Wie wir noch sehen werden, sind etliche von Dawkins' Argumenten äußerst fragwürdig und stehen an bestimmten Punkten auf extrem schwachen Füßen. Trotzdem lässt sich eines nicht bestreiten, und das ist die subtile Überzeugungskraft seiner Prosa. Er schreibt in einem wortgewandten und geschickten Fluss, sodass man beim Lesen der Kapitel allein schon durch die gekonnte Präsentation mitgerissen wird, bis man (fast) überzeugt ist. Es liegt eventuell eine leichte Ironie darin, dass ein Buch, in dem sich der Autor so stark der Kraft der Argumente und Logik rühmt, in Wirklichkeit so sehr von Rhetorik und Überzeugungskraft abhängt. Wenn man die Brillanz seiner Art der Kommunikation sehen möchte, lohnt es sich, beim Lesen eines seiner Kapitel einmal auf den Sprachgebrauch zu achten – auf seinen subtilen Hohn und die umgangssprachlichen Neckereien mit seinem Leser – und dann die eigentlichen Argumente herauszufiltern. Man wird feststellen, dass er durch geschickt platzierte Adjektive und abschätzige Ausdrücke im Nu eine Bühne mit Helden und Schurken errichtet („Glaubenseiferer", „bibelgläubige Fundamentalisten", „anständige Liberale", „nachdenklicher Skeptiker" etc.).

In dieser kurzen Antwort möchte ich mich allerdings auf einige von Dawkins' Schlüsselargumenten konzentrieren und beleuchten, welche Antworten man als Christ darauf geben kann. Viele Personen haben sicherlich Dawkins gelesen und sind ein wenig ratlos, welche Antwort man ihm aus christlicher Sicht entgegenzusetzen hat. Andere haben zwar Dawkins' Buch selbst nicht gelesen, haben aber Gespräche mit Freunden und Bekannten geführt, die es gelesen haben, und sind vielleicht beunruhigt, ob Dawkins' Argumente wirklich das Ende für den Glauben und den Niedergang Gottes bedeuten. Gleichgültig, ob Sie Dawkins gelesen haben oder nicht – die folgenden Seiten sollen Sie dazu anregen, seine Argumente auf ihre Stichhaltigkeit hin zu überprüfen und möglicherweise infrage zu stellen, ob sie tatsächlich so überzeugend sind, wie sie zunächst zu sein scheinen.

1. Von Gott keine Spur?

Eines von Dawkins' zentralen Argumenten ist ganz simpel: dass es nämlich keine schlüssigen Beweise für die Existenz Gottes gibt, besonders wenn es um das angebliche Eingreifen Gottes in dieser Welt geht. Wenn Gott wirklich Gebete beantworte, Wunder vollbringe und Ähnliches, dann sollten wir doch imstande sein, das definitiver zu wissen – es sollte schlicht und ergreifend mehr offenkundige Beweise für ihn geben.

Dawkins hat wenig Geduld mit Stephen Jay Goulds Argument, dass Naturwissenschaft und Religion „überlagerungsfreie Lehrbereiche" seien. Dawkins überzeugt die Vorstellung nicht, Naturwissenschaft und Religion beschäftigten sich mit zwei separaten Seiten der Realität und seien somit zwei Seiten der gleichen Medaille – dass sie also völlig verschiedene Fragen beantworten und sich von daher ergänzen. Gould meint, Gott existiere so weit jenseits dieser Welt, dass die Naturwissenschaften ihn und sein Tun nicht analysieren könnten und man deshalb nicht erwarten sollte, Gottes Handeln in dieser Welt auszumachen. Dawkins wendet dagegen ein, das ergebe keinen Sinn – wenn religiöse Menschen wirklich behaupten, dass Gott aufgrund von Gebeten eingreife oder Wunder vollbringe.

Was soll man als Christ darauf antworten? In gewisser Hinsicht hat Dawkins recht. Wenn Gott wirklich zu bestimmten Zeiten auf eine Weise in die Welt eingreift, die über normale physische und biologische Vorgänge hinausgeht, dann sollte man doch eigentlich erwarten, dass wir merken, wenn er es tut. Nach eigener Aussage ist Dawkins jedoch kein Theologe. Entsprechend hat er ein mangelndes Verständnis davon, wie Christen Wunder verstehen. Es ist schlechte Theologie sowie schlechte Wissenschaft, sich darunter einen „Lückenbüßergott" vorzustellen, der immer dann herbeizitiert wird, wenn die Naturwissenschaft etwas nicht erklären kann. Gott ist nämlich kein „Ding" in der Welt, das andere „Dinge" gemäß der normalen, empirisch beobachtbaren Naturgesetze verursacht. Christen verstehen Wunder nicht als willkürliche Eingriffe Gottes. Er ist kein versteckter Besucher, der die Schachfiguren auf dem Brett bewegt, wenn die Spieler gerade nicht hinschauen. Vielmehr sind Wunder Handlungen, die anderen Gesetzen gehorchen oder in einer anderen Dimension der Realität geschehen, welche wiederum für die wissenschaftliche Analyse nicht zugänglich ist, oder die bei ungewöhnlichen Weltereignissen auftreten. Wie der Princeton-Philosoph Diogenes Allen es formuliert hat:

„In gewissen, ungewöhnlichen Situationen – wenn beispielsweise ein erwähltes Volk ins Leben gerufen, göttliche Absichten in der Person von Jesus offenbart oder das Wesen des Königreiches Gottes dargelegt wird – kommen höhere Gesetze ins Spiel, die eine andere Auswirkung haben als die normalen physischen Gesetze, die in anderen Situationen ihre Geltung haben. Die normalen physischen Gesetze gelten hier nicht, weil wir uns in einem Bereich befinden, der außerhalb ihrer Zuständigkeit liegt."[167]

Gott erreicht seine Ziele meist *indirekt*, durch menschliches Handeln. Für gewöhnlich sind Menschen, von de-

116

nen in der Bibel berichtet wird oder die irgendwann im Verlauf der Kirchengeschichte gelebt haben, die Mittler für Wunder, sei es Mose beim Teilen des Roten Meeres, Jesus beim Auferwecken der Toten oder christliche Heilige, die Heilungen vollbringen. Christliche Theologie besagt, dass Gott sowohl jenseits dieser Welt ist (transzendent) und doch auch innerhalb der Welt agiert (immanent). Wenn Gott der Schöpfer der materiellen Welt ist, aber auch manchmal durch gewöhnliche (oder ungewöhnliche) Menschen gemäß einer anderen Ordnung in sie eingreift, dann ist zu erwarten, dass manche Vorkommnisse in unserer Welt oder Erfahrungen, die wir machen, nur schwer durch rein natürliche Ursachen zu erklären sind. Darunter fallen Erfahrungen, die viele Menschen als „religiös" beschreiben würden, sowie unerklärliche Heilungen infolge von Gebet – ja, zahllose Ereignisse, die jeden Tag in der ganzen Welt stattfinden, die äußerst unwahrscheinlich erscheinen und auf Gebet zurückgeführt werden.

Bei keinem dieser Ereignisse kann man je beweisen, dass es ein direktes Eingreifen Gottes ist, weil es sich wissenschaftlich einfach nicht überprüfen lässt. Diese Ereignisse folgen nicht dem normalen Schema, bei dem sich materielle Objekte in irgendeiner Weise gegenseitig beeinflussen, die von der Naturwissenschaft untersucht werden können. Solch scheinbar unerklärliche Vorkommnisse sind jedoch im Rahmen des christlichen Glaubens ein Zeichen, dass Gott eines Tages einen neuen Himmel und eine neue Erde schaffen wird, wo diese andere Ordnung für alle sichtbar ist. Für Christen sind Wunder keine willkürlichen, isolierten Handlungen eines launenhaften Götterwillens, sondern Zeichen einer anderen Realität. Sie sind Vorboten für das Königreich Gottes, das eines Tages anbrechen wird.

Gegen Ende von „Der Gotteswahn" gibt Dawkins selbst einen bezaubernden Hinweis darauf. Im letzten Kapitel weist er darauf hin, dass wir aufgrund unserer Entwicklungsgeschichte nur eine begrenzte Vorstellungskraft haben. Er schreibt:

„Unser Gehirn ist nicht dazu ausgerüstet, sich vorzustellen, es würde wie ein Neutrino eine Wand durchdringen und dazu die riesigen Zwischenräume nutzen, aus denen die Wand ‚in Wirklichkeit' besteht. Ebenso kommt unsere Verständnisfähigkeit nicht mit den Vorgängen zurecht, die sich abspielen, wenn Dinge sich nahezu mit Lichtgeschwindigkeit bewegen. [...] Die Evolution in der Mittelwelt hat uns für den Umgang mit sehr unwahrscheinlichen Ereignissen schlecht gerüstet. Aber in der riesenhaften Größe des Weltalls oder den gewaltigen erdgeschichtlichen Zeiträumen erweisen sich Ereignisse, die in der Mittelwelt unmöglich erscheinen, als unvermeidlich."[168]

Dawkins deutet also an, dass die Realität anders geartet sein könnte, als sie momentan erscheint. Wäre es daher möglich, dass der auferstandene Jesus (der, so lesen wir, durch Wände zu gehen vermochte!) ein Bild dieser Zukunft ist? Dass Jesus zu einem bestimmten Zeitpunkt unserer Geschichte in unsere Welt gekommen ist, um uns den neuen Himmel und die neue Erde zu offenbaren, die Gott eines Tages hervorbringen wird?

Kurz gesagt: Wenn Dawkins unumstößliche Beweise für Wunder fordert, die allen Ansprüchen wissenschaftlicher Gewissheit gerecht werden, dann wird weder er noch irgendjemand sonst je ein Wunder finden. Doch das liegt nicht daran, dass es keine Wunder gibt, sondern dass sie einer anderen Dimension angehören, die unser derzeitiges Wahrnehmungsvermögen übersteigt. Uns werden Wunder immer unerklärlich erscheinen. Man wird sie immer verschieden deuten können. Skeptiker werden an ihrem Glauben festhalten wollen, dass man eines Tages eine natürliche Erklärung dafür finden wird. Christen sehen in ihnen dagegen Zeichen für eine ganz andere Ordnung der Realität: für das Königreich Gottes.

2. Schlechte Argumente für Gott?

Dawkins verbringt ausgesprochen viel Zeit damit, sich die verschiedenen Argumente für die Existenz Gottes anzuschauen und ihre mangelnde Schlüssigkeit aufzuzeigen. Seine Versuche sind auch gar nicht so schlecht, doch ihn behindert seine mangelnde Kenntnis der Feinheiten christlicher Theologie. Das ist eine der frustrierenden Aspekte des Buches. Einen Biologen würde es sicher irritieren, wenn ich ein wissenschaftliches Buch schreiben und darin meine Unwissenheit über Multizellen oder die Funktionsweise von Chromosomen zur Schau stellen würde. Sie können sich also vorstellen, dass es verdrießlich ist, bei Dawkins über ein Thema zu lesen, über das er nicht nur ein wenig uninformiert, sondern absolut kein Experte ist.

So geht Dawkins zum Beispiel einige der klassischen Argumente für die Existenz Gottes – wie etwa die Gottesbeweise von Thomas von Aquin – völlig falsch an.

Er tut so, als beanspruchen diese für sich, dem Skeptiker unumstößliche Beweise zu liefern und ihn somit von der Existenz Gottes zu überzeugen.[169] Dabei haben bereits viele Theologen darauf hingewiesen, dass Aquins Argumente für Gottes Existenz nie als unumstößliche Beweise gedacht waren. Dazu gehören der ontologische Gottesbeweis sowie der teleologische Gottesbeweis, auch als „Design-Argument" bekannt. Aquin präsentiert diese Argumente, ebenso wie die meisten anerkannten christlichen Theologen, als Glaubensbestätigungen und nicht als Glaubensbeweise. Sprich: Die Argumente bieten Menschen, die bereits an Gott glauben, eine rationale Erklärung, indem sie ihnen zeigen, dass ihr Glaube Sinn ergibt. Sie zeigen, wie der Glaube an Gott die übrige Realität interpretiert und wie die Welt vom Standpunkt des Gottesglaubens aus gesehen aussieht. Aquin weiß, dass man andere nicht durch bloße Argumentationskunst zum Glauben an Gott überreden kann. Glaube entsteht anders: durch Gottes Initiative, auf die der Mensch reagieren kann. Dawkins bemängelt die Beweiskraft dieser Argumente, die sie jedoch nie für sich beansprucht haben.

Ein weiteres Argument, das Dawkins zu untergraben sucht, ist das der persönlichen Erfahrung. Dieses Argument lautet: „Ich habe Gott real erfahren, also existiert er." Dawkins findet sein Vergnügen daran, alle möglichen Beispiele vermeintlicher religiöser Erfahrungen anzuführen, für die sich am Ende eine völlig natürliche Erklärung fand. Natürlich gibt es wirklich zahlreiche Beispiele dafür. Wir erleben Dinge oder hören Berichte von anderen, für die es bei genauerer Betrachtung eine simple Erklärung gibt oder die einfach falsch gedeutet wurden. Trotzdem kann man nach diesem Motto nur schwer die gesamte religiöse Erfahrung aus der Menschheitsgeschichte streichen. So ziemlich jede Kultur, die je auf Erden existierte, ist von Erfahrungen des Göttlichen oder zumindest einer Dimension, die über das rein Materielle hinausgeht, durchdrungen. Sicher, diese Erfahrungen werden unterschiedlich ausgelegt, aber man muss der Tatsache ins Auge sehen, dass unzählige Menschen behaupten, sie hätten etwas erlebt, das das Materielle oder das Natürliche übersteigt. Naturalisten werden versuchen, andere Erklärungen für diese Zeugnisse zu finden, aber angesichts ihrer großen Zahl dürfte das ziemlich schwerfallen.

Ein weiterer Punkt ist, dass die Erfahrungen, die wir Gottes Eingreifen zuschreiben, häufig mit natürlichen Mitteln vollzogen werden. Vor Kurzem hörte ich die Geschichte eines gläubigen Mädchens, das durch den Tod einer nahen Verwandten in großer Not war und Gott anflehte, er möge ihr eine Antwort geben. Sie brauchte Sinn und Trost. Gewissermaßen gab sie Gott eine letzte Chance, sie zu erreichen.

Als sie dieses Gebet sprach, befand sie sich an einem verlassenen Strand. Nun kam genau in dem Augenblick ein anderer Christ auf sie zu und umarmte sie, was nicht völlig ungewöhnlich war, weil sie die Person gut kannte. Doch der Umstand, dass er genau in diesem Augenblick auftauchte, war ungewöhnlich und recht erstaunlich.

Selbstverständlich kann man das als bloßen Zufall deuten. Die andere Person ist eben gerade dort spazieren gegangen und hat durch diese Geste ihrer Zuneigung Ausdruck verliehen. Es versteht sich jedoch, dass das Mächen dieses Verhalten als Gebetserhörung und als eine Geste von etwas viel Größerem ansah, nämlich von Gottes Liebe für sie und nicht nur als Liebesbeweis eines Menschen.

Oft machen wir „religiöse Erfahrungen", wenn wir Geschehnisse, die man auch als etwas ganz Natürliches ansehen kann, als etwas Übernatürliches deuten, weil der Zeitpunkt oder bestimmte Emotionen dazu den Anlass geben. Aus christlicher Sicht gebraucht Gott meist Menschen, um sein Werk zu vollbringen. Er hat eine Welt erschaffen, in der er von allen Lebewesen uns Menschen ausgewählt hat, damit wir uns um seine Schöpfung und umeinander kümmern. Deshalb können Dinge, für die es eine natürliche Ursache gibt, aus christlicher Sicht auch als Hinweis auf Gottes Fürsorge und Liebe zu uns interpretiert werden.

Das dritte Argument, das Dawkins gerne ins Lächerliche zieht, ist Pascals „Wette". Pascal war ein christlicher Philosoph des 17. Jahrhunderts, der eine Verteidigung des christlichen Glaubens schrieb. In einer berühmten Stelle erörtert er, warum es besser sei, an Gottes Existenz zu glauben als an seine Nichtexistenz. Nach Aussage von Dawkins lautete Pascals Argument folgendermaßen: „Man sollte lieber an Gott glauben, denn wenn man recht hat, wird einem die ewige Gnade zuteil, und wenn man unrecht hat, ist es ohnehin egal. Glaubt man aber nicht an Gott und hat damit unrecht, fällt man der ewigen Verdammnis anheim, und wenn man recht hat, ist es wiederum egal."[170]

Natürlich kann man ziemlich schnell Löcher in dieses Argument pieksen, wie es Dawkins ja auch tut (ich werde die Argumente jetzt hier nicht wiederholen).[171]

Der entscheidende Punkt ist allerdings, dass Pascal die Wette gar nicht als ein Argument für den Glauben an Gott anführt. Für Pascal erfüllt das Argument einen anderen Zweck: Er möchte aufzeigen, dass in Wirklichkeit Ungläubige deshalb nicht glauben, weil sie nicht glauben möchten. Wie er in einer anderen bekannten Stelle in seinen „Gedanken" sagt: „Unser Herz, nicht unser Verstand, ist das Entscheidende."[172]

Die der „Wette" zugrundeliegende Argumentation richtet sich an seine gewieften Glücksspielfreunde im Paris des 17. Jahrhunderts. Er möchte ihnen schlicht und ergreifend zeigen, dass sie als Männer, die überaus gerne Wetten abschließen, die die besten Gewinnchancen bieten, stets auf Gott wetten müssten, weil die Gewinnchancen für den Glauben erheblich größer sind als für den Unglauben. Doch, so Pascal, seine Freunde glauben immer noch nicht, was zeigt, dass ihre Gründe für den Unglauben nicht auf einer logischen Wette beruhen, die man bei der Gottesfrage heranziehen könnte, sondern andere Gründe hat. Sie glauben schlicht und ergreifend deshalb nicht, weil sie nicht glauben *wollen*. Um es noch einmal in aller Deutlichkeit zu sagen: Die „Wette" wurde nicht und kann auch gar nicht als sicheres Argument für Gottes Existenz vorgebracht werden.

Christliche Theologie hat immer den Anspruch erhoben, dass der Glaube nicht aus einer reinen Beweisführung erwachsen kann. Ihm kann durch gewissenhaftes Denken Nachhilfe geleistet werden, doch er entsteht, wenn Menschen Gott auf einer viel tieferen Ebene begegnen als der rein rationalen. Somit können Argumente für Gottes Existenz immer nur Bestätigungen oder Untersuchungen der inneren Stimmigkeit und Folgerichtigkeit des Glaubens sein und nicht etwas, womit man Skeptiker überzeugen könnte. Selbstverständlich kann man trotzdem gute Argumente anführen, die den Glauben stützen, aber man darf keine falschen Erwartungen haben. Sie können stets nur die Stimmigkeit des Gottesglaubens aufzeigen und erbringen keinen hundertprozentigen Beweis, durch den man jemanden argumentativ „besiegen" könnte, der nicht an Gott glaubt.

3. Kann die Naturwissenschaft für alles Erklärungen liefern?

Dawkins behauptet, die natürliche Selektion erkläre alles, was es um uns herum gibt, und deshalb bedürfe es keines Gottes.

Als der französische Philosoph Laplace Napoleon seine astronomischen Lehren erklärte, fragte ihn der Kaiser: „Warum haben Sie dieses Buch über das Weltall geschrieben, aber nicht ein Mal seinen Schöpfer erwähnt?"

Laplace soll daraufhin den berühmten Satz gesagt haben: „Diese Hypothese habe ich nicht benötigt."

Dawkins' Hauptargument ist, dass ein komplexes Wesen wie der Mensch vollkommen durch den Prozess der natürlichen Selektion erklärt werden könne und es unnötig sei, irgendeinen Gott als Teil dieses Prozesses mit einzubeziehen. Natürliche Selektion zeige, wie komplexe Menschen aus sehr einfachen Elementen entstehen können. Deshalb greife das Design-Argument nicht und wir könnten getrost auf Gott verzichten.

Weiterhin folgert er, dass die Existenz Gottes höchst unwahrscheinlich sei. Die Evolution entwickle sich stets von etwas Einfachem hin zu etwas sehr Komplexem. Wenn man Gott an den Anfang der Entwicklung setzen würde, müsse man sich der Frage stellen, wie dieses äußerst komplexe Wesen (Gott) denn überhaupt entstanden sei. Das ist eine leicht raffinierte Variante der alten Frage, bei der es um „Und wer hat Gott gemacht?" geht.

Dawkins mag ja recht haben, dass die natürliche Selektion eine gute Erklärung dafür bietet, wie wir uns von sehr einfachen Organismen entwickelt haben, wie das Leben entstanden ist und wie die Welt ihren jetzigen Zustand erreicht hat. Es bleiben jedoch eine Reihe von Fragen offen. So haben mehrere Philosophen darauf hingewiesen, dass es schwer vorstellbar sei, dass menschliche Sprache durch einen simplen Prozess der genetischen Evolution entstanden sein soll. Beim evolutionären Prozess erscheint eine neue Fähigkeit zunächst in einem einzelnen Lebewesen. Sprache kann dagegen unmöglich individuell sein. Man braucht immer mindestens zwei Menschen, um sich zu unterhalten. Dann gibt es eine weitere Frage, die Dawkins nicht beantworten kann, und zwar warum es überhaupt etwas gibt. Zugegeben, der Prozess mag mit einigen einfachen Elementen begonnen haben, die zusammen Leben erzeugten, aber warum gab es diese Elemente überhaupt? Er kann der Frage nach dem Ursprung des Lebens nicht entrinnen, indem er einfach von ein paar chemischen Elementen ausgeht, die sich zusammenfügten und somit Leben ergaben.

Das ist das Argument des „infiniten Regresses", demzufolge man irgendeinen Anfangspunkt für die gesamte Entwicklung setzen muss. Man könnte den Urknall als mögliche Lösung für dieses Problem betrachten, doch lässt er die Frage offen, warum es überhaupt etwas gegeben hat, das „knallen" konnte. Das Problem ist, dass innerhalb eines naturalistischen Rahmens alles eine vorausgehende Ursache hat. Daher ist es logischerweise sehr schwierig, innerhalb dieser naturalistischen Struktur eine erste Ursache zu finden. Wir brauchen etwas, das außerhalb des Systems liegt und eben deshalb – weil es nicht zum System dazugehört – keiner vorausgehenden Ursache bedarf, um das gesamte Geschehen in Gang zu setzen. Christliche Theologie hat Gott stets als transzendent dargestellt, das heißt als jemand, der nicht von der wahrnehmbaren und analysierbaren Welt eingeschlossen ist. Er steht gewissermaßen außerhalb des Systems, obwohl er – wie wir bereits gesehen haben – auch andere Mittel hat, als nur von außen in die Natur einzuwirken. Das beste Beispiel dafür ist natürlich die Menschwerdung seiner selbst in der Person Jesus Christus. Somit muss Gott kein „einfaches Wesen" sein, wie Dawkins meint. Das müsste er nur sein, wenn er Teil der natürlichen Welt wäre, ein Teil des Raum-Zeit-Kontinuums, welches wir als Universum wahrnehmen.

Das Grundproblem ist, dass die Biologie zwar ein Stück weit erklären kann, wie wir zu dem wurden, was wir heute sind, aber sie klärt nicht alles – und schon gar nicht die Frage, warum überhaupt etwas existiert. Wenn man bestimmte Grundelemente voraussetzt, kann die Biologie den Prozess erklären, durch den wir entstehen und uns weiterentwickeln, nur kann sie den Ursprung dieser Elemente nicht erklären. Christliche Theologie legt nahe, dass diese Elemente – das Zeug, aus dem das Leben entstand – keinen naturalistischen Ursprung gehabt haben. Sprich, ein Wesen jenseits dieser Welt hat sie hervorgerufen. Mir scheint es keineswegs dem biblischen Schöpfungsbericht im 1. Buch Mose zu widersprechen, wenn man davon ausgeht, dass die Welt ihren Ursprung in einem guten und liebenden Schöpfer hat, der eine Welt aus dem Nichts erschaffen hat, die anfangs wenig komplex war und sich mit der Zeit entwickelt hat. Das 1. Kapitel der Bibel lässt durchaus Raum für Entwicklung und Evolution, weil dort die Zeit eine Rolle im Schöpfungsprozess spielt. Gott hat die Welt nicht in einem Augenblick erschaffen, sondern – so lesen wir – ließ sie über einen Zeitraum hinweg entstehen (die mythische Periode von sieben Tagen). Selbst am Ende des Schöpfungsberichts hat man den Eindruck, dass sich die Welt noch weiter zu entwickeln hat: Sie soll von der Menschheit gefüllt, unterworfen und gehegt werden. Die natürliche Selektion widerlegt Gottes Existenz nicht; sie beschreibt lediglich, wie sich das Leben entwickelt. Deshalb liegt kein Widerspruch darin, an die Evolution zu glauben und gleichzeitig als Anfangspunkt für die uns bekannte Welt eine nichtnaturalistische, theistische Begründung anzusetzen.

Weiterhin ist es schwierig, für die logische Gestaltung des Universums eine rein naturalistische Erklärung zu finden. Warum ergibt das Universum Sinn? Warum benimmt es sich nicht völlig willkürlich? Wenn man die Welt erklären kann, dann erfordert diese Tatsache selbst eine Erklärung. Mit anderen Worten: Warum ist Naturwissenschaft überhaupt möglich? Logik und Ordnung entspringen nicht bloßem Zufall. Christen würden sagen, dass Gott nicht so sehr unsere Wissenslücken erklärt als vielmehr die Tatsache, dass Wissen überhaupt möglich ist. Wenn die Welt von einem vernünftig denkenden, verständlichen Wesen erschaffen wurde, dann leuchtet es ein, dass sie ein Ort ist, den wir verstandesmäßig erfassen können. Wenn sie sich dagegen aus einem zufälligen Zusammenkommen von mehreren chemischen Elementen ergeben hat, dann ist es schwer zu begreifen, warum sie auch nur im Entferntesten verständlich sein sollte.

4. Ist Religion ein Fehler im System?

Ein etwas eigentümlicher Aspekt von Dawkins' Kritik ist seine Darstellung vom Ursprung der Religion. Das trifft besonders auf seine bekannte Idee der „Meme" oder „Gedankeneinheiten" zu, die sich wie ein Virus ausbreiten, nur dass sie den menschlichen Verstand infizieren. Dadurch könnte man den Ursprung der Religion anhand der natürlichen Selektion erklären, weil „Meme" Genen gleichen, die ihr eigenes Überleben sichern, indem sie mutieren und neue Formen annehmen. Gedankeneinheiten oder „Meme" passen sich neuen Umständen an und replizieren sich auf raffinierte Weise, um ihr eigenes Überleben zu sichern.

Dieses Argument wurde wiederholt kritisiert. Interessanterweise scheint er sich der Sache inzwischen selbst nicht mehr so sicher zu sein und deshalb hat es in seinem Arsenal stark an Bedeutung verloren. Das Grundproblem liegt in Folgendem: Wer bestimmt, welches „Mem" ein gutes Virus ist und welches ein schlechtes? Er ist ja bereits zu dem Ergebnis gekommen, dass die Religion schlecht sei. Entsprechend erklärt er ihren Ursprung mit Hilfe der Metapher eines zerstörerischen Virus. Wer bestimmt jedoch, ob Religion ein Virus ist oder ob Dawkins' eigene Ideen vielleicht ebenfalls Viren sind, die sich auf die gleiche Weise ausbreiten? Abgesehen davon gibt es natürlich keinen unabhängigen, objektiven Beweis für die Existenz dieser „Meme". Sie sind wirklich nur eine Metapher und keine wissenschaftlich nachgewiesene Tatsache. Das ist bemerkenswert, beschuldigt Dawkins die Christen doch, dass sie ihren Glauben nicht beweisen können. Da ist es fast amüsant, dass er sich selbst derart stark für eine solche Idee einsetzt. Die Existenz der „Meme" wird einfach vorausgesetzt, und man kann dieselben Argumente gegen sie anführen, die Dawkins auch gegen Gott anführt. Und noch etwas: Wenn Religion ein Irrtum des Zufalls ist, ein biologischer Fehler, könnte man doch meinen, der Prozess der evolutionären Entwicklung hätte ihn längst beseitigt. Der Umstand, dass sie sich so hartnäckig behauptet hat, lässt entweder auf einen anderen Ursprung schließen oder sie ist in uns als etwas Nützliches fest verankert.

Dawkins wirft die Idee auf, die Religion könnte in einem sehr primitiven Volksstamm entstanden sein, der gewöhnliche, naturalistische Vorkommnisse falsch interpretiert habe. Als Beispiel führt er eine Gruppe Inselbewohner in der Südsee an, die eine merkwürdige Person namens John Frum anbeten. Die Parallele zu Jesus ist dabei natürlich beabsichtigt; auch bei ihm habe sich die ergebene Gefolgschaft aus einem naiven Irrsinn entwickelt. Problematisch ist an diesem Punkt die ausgesprochen herablassende Annahme, die Menschen im 1. Jahrhundert unserer Zeitrechnung seien äußerst leichtgläubig und deswegen geneigt gewesen, an ein so unwahrscheinliches Ereignis wie die Auferstehung eines Toten zu glauben. Wie jedoch viele neutestamentliche Gelehrte deutlich gemacht haben, glaubten die Menschen im 1. Jahrhundert genauso wenig wie wir, dass ein toter Mann nach drei Tagen wieder in Erscheinung treten könne. Eher war die Auferstehung einer Einzelperson das genaue Gegenteil dessen, was Juden im 1. Jahrhundert erwarteten. Sie erwarteten irgendeine Form der Auferstehung am Ende der Zeit; das Letzte, wonach irgendjemand Ausschau hielt, war die Auferstehung eines besonderen Individuums innerhalb der Geschichte. Das lief all ihren Erwartungen zuwider. Somit ist es höchst unwahrscheinlich, dass sie eine derartige Geschichte einfältig geglaubt haben, es sei denn, sie hatten dafür triftige Gründe.

Der Ursprung des Glaubens an den auferstandenen Jesus kann also nicht ganz so einfach erklärt werden, wie Dawkins es sich erhofft.

5. Ist Güte ein zufälliges Nebenprodukt der Evolution?

Dawkins ist sich bewusst, dass er mit irgendeiner Erklärung für den Ursprung von Moral und Tugend aufwarten muss, wenn seine Kritik am religiösen Glauben lückenlos sein soll. Genau wie bei der Idee der „Meme" zieht er dafür eine naturalistische Erklärung heran, die zur evolutionären Biologie passt. Er führt dabei darwinistische Gründe für den freundlichen und großzügigen Umgang miteinander heran, wie etwa das Gedeihen der eigenen Art; Gegenseitigkeit nach dem Motto:

„Eine Hand wäscht die andere"; die Vorzüge, die man hat, wenn man für seine Großzügigkeit bekannt ist, und so weiter.

Aus der Schlussfolgerung, dass unser Verhalten im Grunde egoistisch sei, gibt es dann jedoch kein Entrinnen. Mit allem, was wir tun, sichern wir unser eigenes Überleben und das unserer Gene. Selbst uneigennütziges Verhalten ist nur nach außen hin uneigennützig; in Wirklichkeit ist es ein kaum verschleiertes Mittel für persönliches und genetisches Überleben. Demzufolge muss Dawkins die Liebe zum genetischen Fehlschuss erklären, als ein zufälliges Nebenprodukt unseres Verlangens, unsere eigenen genetischen Merkmale zu bewahren und zu replizieren.

Zugleich argumentiert Dawkins, dass wir ein instinktives Gespür für Gut und Böse hätten und uns deswegen nicht von Gott, der Bibel, der Kirche oder dergleichen sagen lassen müssen, was richtig oder falsch ist. Dieser Denkansatz birgt erhebliche Probleme.

a. Wie wir beim letzten Punkt schon gesehen haben, gibt es dabei ein echtes Beweisproblem. Dawkins hat sich dies lediglich als mögliche Erklärung ausgedacht, doch wenn wir uns nach seinen eigenen Regeln richten, dann sollten wir nichts ohne eine solide Beweisgrundlage Glauben schenken. Dieses Argument ist ein Paradebeispiel für die Vorgehensweise, die er seinen Gegnern vorwirft. Warum sollen wir ein Argument ernst nehmen, das eine derart dürftige Beweisgrundlage hat?

b. Der christliche Glaube vermittelt uns nicht in erster Linie, was richtig und falsch ist, sondern befähigt uns, Recht zu tun und Unrecht zu meiden. In gewissem Sinne enthält die Bibel im Vergleich zu anderen religiösen Traditionen nicht viel Neues oder Außergewöhnliches hinsichtlich ihres Moralcodexes. Mord, Lüge, Diebstahl und Habsucht sind schlecht. Freundlichkeit, Großzügigkeit, Liebe und Freundschaft sind gut. Beim christlichen Glauben geht es nicht darum, uns neue Informationen über Gut und Böse zu geben, die wir nicht auch anderen Quellen entnehmen könnten (obwohl es durchaus Einzigartigkeiten in der christlichen Moral gibt, die sie zu einem gewissen Grad von anderen Moralsystemen abhebt). Vielmehr geht es beim christlichen Glauben darum, uns zu befähigen, dem rechten Pfad zu folgen. Er legt dar, wie wir in eine Beziehung mit unserem Schöpfer treten können, und zwar durch sein Eingreifen ins menschliche Leben in Form seines Sohnes Jesu Christi. Er legt dar, wie Gottes eigene Kraft – der Heilige Geist – in Menschen „einziehen" und ihnen eine neue Dimension der Kraft und Bestimmung eröffnen kann, wodurch sie das Richtige tun und ein gutes Leben führen, gemäß des Königreiches Gottes. Die christliche Moral dafür zu kritisieren, dass sie keine einmalige Liste von Ge- und Verboten bietet, die man woanders nicht finden kann, geht an der Sache vorbei.

c. Letzten Endes steht man vor einer ganz einfachen Entscheidung. Ist Liebe ein „in die Irre gegangener Instinkt", ein zufälliges Nebenprodukt der Evolution, eine leicht erkennbare Strategie im persönlichen und genetischen Überlebenskampf? Oder ist sie vielmehr der Mittelpunkt der Realität, der Grund für unser Dasein? Dawkins und der christliche Glaube geben zwei von Grund auf verschiedene Antworten auf diese Frage. Für Dawkins ist die Liebe nichts weiter als ein Versehen. Für uns Christen ist sie der Kern von allem, was wir sind. Wir sind nach dem Ebenbild eines Gottes erschaffen, der Liebe ist, und wir sind dazu bestimmt, lieben zu lernen und geliebt zu werden. Das ist der Sinn unserer gesamten Existenz. Wir Christen haben tief in unserem Inneren das Gefühl, dass die Liebe kein zufälliges Nebenprodukt ist, kein „segensreicher Fehler", sondern vielmehr das Hauptanliegen menschlichen Lebens und menschlicher Erfüllung.

6. Der biblische Tyrann?

Dawkins hat uns eine amüsante wie auch derbe Beschreibung des biblischen Gottes zu bieten, in der er erörtert, warum ein derartiges Wesen beileibe weder Anbetung noch Ergebenheit verdient. Genau genommen sei er ein grausamer Tyrann, den man am besten Geschichte sein lassen sollte; in einer zivilisierten Debatte habe er nichts zu suchen.

Tatsächlich lässt sich dieser Standpunkt auch leicht durch Argumente stützen. Man braucht nur eine sorgfältige Auswahl von Bibelstellen zu treffen, besonders im Alten Testament, und andere Bibelstellen sorgsam zu ignorieren, in denen Gott als langmütig, geduldig, „langsam zum Zorn und reich an Liebe und Treue" (2. Mose 34,6) dargestellt wird.

Obwohl Dawkins den Gott der Bibel aufgrund dieser Vorgehensweise verspottet, hat er seltsamerweise wenig über Jesus zu sagen. Er hält Jesus eher für eine Art

Ausnahme unter den abstoßenden Personen, die er auf den Seiten der Bibel wahrzunehmen meint.

Wieder einmal offenbart Dawkins seine Unwissenheit in Sachen christlicher Theologie, indem er die Texte viel zu buchstäblich auslegt. Er möchte nicht sehen, dass die christliche Theologie klare Auslegungskriterien für das Alte Testament anlegt, allen voran der Umstand, dass wir das Alte Testament im Licht Jesu Christi lesen. Der Haupthinweis, den uns die Bibel auf das Wesen Gottes gibt, ist in der Person Jesu zu finden. Auf ihn sollten wir uns zuerst konzentrieren und dann alles Weitere in seinem Licht interpretieren. Das Wesen Jesu spiegelt das Wesen des alttestamentlichen Gottes wider. Er ist voller geduldiger Freundlichkeit, endloser Liebe, sehnsüchtigem Mitleid, Zorn auf das Böse und erbitterter Treue. Gott wünscht unsere Anbetung nicht deshalb, weil er ein Despot wäre, der von uns verlangt, dass wir vor ihm im Staub kriechen, sondern weil es für uns absolut nichts Besseres gibt, als einen Gott anzubeten, der die Liebe selbst ist. Wir beten Gott nicht an, weil er es nötig hat, sondern weil es uns guttut.

Darüber hinaus führt Dawkins wiederum ein ausgesprochen unzureichendes, schwaches Argument dafür an, wie Moral entsteht. Seiner These zufolge kreiert der „Zeitgeist" die Moral. Mit anderen Worten: In jeder Gesellschaft bildet sich ein allgemeiner Konsens darüber, was gut und falsch ist, und dem sollten wir folgen und nicht irgendwelchen heiligen Texten (und ganz bestimmt nicht dem Beispiel des tyrannischen Gottes im Alten Testament).

Die Problematik besteht jedoch darin, dass der Zeitgeist notorisch formbar ist. Die Stimmung einer Gesellschaft ist allzu leicht von (wohlhabenden) Führungspersönlichkeiten beeinflussbar, die alle möglichen Niederträchtigkeiten zustande bringen können. Das klassische Beispiel dafür ist natürlich der deutsche Zeitgeist in den 1930ern, wo man sich allgemein darüber einig war, dass es völlig legitim sei, Menschen wie Juden, Sinti und Roma sowie Gegner der Nationalsozialistischen Partei zu unterdrücken und zu vernichten.

Was ist, wenn der Zeitgeist entscheidet, man dürfe ruhig Kinder opfern (wie in alten mittelöstlichen Religionen) oder Pädophilie begehen (wie in der griechisch-römischen Kultur) oder Frauen gestatten, sich auf den Scheiterhaufen zu werfen, auf dem ihre toten Ehemänner verbrannt werden (was in Einzelfällen sogar heute noch in Indien vorkommt)? Sollte man diesem Zeitgeist dann Folge leisten? Oder brauchen wir vielleicht doch einen externen Bezugspunkt, durch den wir ein Vorbild dafür haben, wie das menschliche Leben sein sollte und wie man es in der Praxis gestaltet?

7. Die schrecklichen Dinge, die im Namen der Religion begangen werden?

Ein Grundpfeiler von Dawkins' Kritik und der von vielen anderen Atheisten ist die Auffassung, Religion würde Menschen dazu bringen, äußerst schlimme Dinge zu tun. Während maßvolle, liebenswürdige Atheisten wie er selbst nicht zu schrecklichen Taten fähig seien, habe Religion – als etwas, das im Transzendenten, Übernatürlichen verankert ist – die Macht, Menschen dazu zu bringen, sich und ihrer Welt unsagbar Böses zuzufügen. Selbstverständlich findet man in der

Vergangenheit wie auch der Gegenwart nur allzu leicht Beispiele, die diese Auffassung stützen. Viele der derzeit herrschenden Konflikte in der Welt – sei es im Irak oder in Palästina oder die Terroranschläge in den USA und Europa – sind zumindest ein Stück weit auf religiöse Überzeugungen zurückzuführen.

Auf die Frage hin, warum er sogar gemäßigte Religion so heftig angehe, führt Dawkins das Argument noch einen Schritt weiter. Es mag schwer vorstellbar sein, dass er den netten Pfarrer einer ländlichen Gemeinde als Mitschuldigen an dem größten Übel unserer Zeit hinstellen kann, doch genau das tut er. Für Dawkins bietet die gemäßigte Religion so etwas wie einen „Deckmantel" für die Gräueltaten, die von religiösen Extremisten begangen werden. Wenn die Gemäßigten unter den Religiösen ihren Glauben aufgeben würden, dann wäre den Extremisten eine lebenswichtige Quelle der Unterstützung genommen und man würde sie als das sehen, was sie wirklich sind.

Natürlich kann die Religion Menschen zu schlechten Taten verleiten, da hat Dawkins durchaus recht. Andererseits trifft das auf fast alles zu, was den Menschen wichtig ist. Menschen haben unaussprechliche Verbrechen begangen im Namen ihrer Familie, ihres Stammes, ihrer Nation, ihrer Fußballmannschaft oder sogar im Namen der Liebe. Wollte man alles beseitigen, was zu Gewalt führen kann, müsste man nebst Religion logischerweise all diese Dinge ebenfalls beseitigen. Die Verbrechen, die in der ersten Hälfte des 20. Jahrhunderts begangen wurden, sind größtenteils auf utopische Visionen politischer Veränderung und nationalistischer Reinheit zurückzuführen. Mit Religion hatten diese

Utopien nur wenig zu tun; viel mehr aber mit Rassen und Ideologien. Ethnische Säuberungen im Balkan, in Ruanda und Burundi wurden im Namen von Stammesüberlegenheit durchgeführt und waren nicht spezifisch von Religion motiviert.

Dawkins legt darüber hinaus eine erstaunliche Zuversicht darüber an den Tag, dass der Atheismus eine derartige Vernichtung nie befürworten würde. Dabei war Josef Stalin in den dreißiger bis fünfziger Jahren des vergangenen Jahrhunderts für den Tod von schätzungsweise 20 Millionen Menschen in Russland verantwortlich. Trotz Dawkins' gegenteiliger Beteuerung war Stalins Programm für die Umgestaltung Russlands ausdrücklich atheistisch, einschließlich seines festen Ziels, jede Form von Religion abzuschaffen. Außerdem war Stalins Vorhaben tief in seinem Wunsch verwurzelt, Gott zu ersetzen. Wie Stalins Mitstreiter Nikolai Bucharin einst über ihn gesagt hat: „Er muss sich einfach an Leuten rächen – an allen Leuten, doch besonders an denen, die auf irgendeine Weise besser sind oder höher stehen als er selbst."[173]

Ähnlich waren in den 1960ern bis 70ern Mao Zedongs Kulturrevolution und sein Bemühen, durch den „Großen Sprung nach vorn" eine explizit atheistische Gesellschaft zu errichten, für den Tod mehrerer zehn Millionen Chinesen verantwortlich.

Genau wie die Religion (wenn nicht sogar noch mehr) kann der Atheismus Menschen zu Gewalttaten und hemmungsloser Unterdrückung motivieren. Es geht an dieser Stelle jedoch nicht darum, ob die Religion dem Atheismus in dieser Hinsicht überlegen ist. Menschen sind einfach so gestrickt, dass sie jedes Konzept – egal, ob gut oder schlecht – als Vorwand für die Ausübung von Gewalttaten nehmen. Diese Tatsache weist sogar deutlich auf das christliche Verständnis des menschlichen Wesens hin, das sowohl wunderbar optimistisch als auch ungeheuer pessimistisch ist. Christen glauben, dass wir Ebenbilder Gottes sind und die Fähigkeit besitzen, große Taten der Liebe, des Mitleids, der Barmherzigkeit und Gnade zu vollbringen. Gleichzeitig haben wir aber auch tiefe Mängel. Wir sind anfällig für schrecklich böse Dinge. Das scheint viel eher mit der tatsächlichen Situation des Menschen und dem Verlauf der Geschichte übereinzustimmen als die übertrieben optimistischen Vorstellungen von Atheisten wie Dawkins.

Überdies ließe sich Dawkins' Argument zur gemäßigten Religion auch auf seinen Atheismus anwenden. Gemäßigter, gewaltfreier Atheismus wie der von Dawkins, so könnte man ebenso einwenden, bietet ebenfalls einen „Deckmantel" für den militanten, gewalttätigen Atheismus à la Stalin, Mao und anderer. Zum Teil könnte man Dawkins' eigene Rhetorik, in der er zur Abschaffung der Religion aufruft und religiöse Kindererziehung kriminalisiert, als Hetzerei bezeichnen und in ihr die Aufforderung zur Verfolgung und Unterdrückung von Christen, Juden und Muslimen sehen. In einer Welt wie der unsrigen, in der es häufig zu religiösen und ethnischen Spannungen kommt, ist es schwer vorstellbar, dass Dawkins' aggressiv verurteilende Sprache irgendetwas erreichen wird, außer Hass und Grausamkeit gegen religiöse Menschen zu schüren, was genauso wenig wünschenswert ist wie alles, was er den Christen vorwirft.

Dawkins schließt sein Buch mit einer warmen und kuscheligen Zukunftsvision ab, in der der Atheismus Trost spendet, die Fantasie anregt und eine Welt voller Harmonie, Frieden und Liebe errichtet. Das ist eindeutig ein Versuch, die Religion ihres Anspruchs zu berauben, Trost und Kraft in einer schwierigen Welt zu spenden. Außerdem soll dadurch der Vorwurf zurückgewiesen werden, der Atheismus nehme der Welt ihren Glanz und ihren Zauber. Hat der Atheismus wirklich solche Hoffnung zu bieten? Kann er die Bahn frei machen und der Menschheit eine herrliche Zukunft schenken?

Die Schwierigkeit hierbei ist, irgendwelche konkreten Anhaltspunkte dafür zu finden, dass das jemals der Fall sein wird. Bisherige Experimente, deren Ziel es war, eine erklärtermaßen atheistische Gesellschaft aufzubauen, die sich bewusst gegen die Religion stellt, verliefen nicht sehr vielversprechend. Wie wir gesehen haben, war Sowjetrussland nicht gerade ein Symbol für Toleranz, Frieden und Harmonie (zumindest nicht für die 20 Millionen Toten). In Pol Pots Kambodscha und Maos China sah es auch nicht besser aus, genauso wenig wie im heutigen Burma. Der Atheismus hat bislang bei jedem Versuch versagt, eine solch perfekte Gesellschaft zu erschaffen, die Dawkins in seinem Optimismus erwartet.

Natürlich könnte man das Christentum desselben Versagens bezichtigen. Christen, so der Einwand von Atheisten, haben es genauso wenig geschafft, eine perfekte Gesellschaft aufzubauen. Allerdings haben Christen auch nie behauptet, das tun zu können. Sie haben immer gesagt, dass die Welt bis zum neuen Himmel und der neuen Erde unvollkommen bleiben wird. Es wird immer ein Wechselspiel zwischen Gut und Böse geben. Um es mit Augustinus zu sagen: Die Stadt Gottes in dem jetzigen Zeitalter wird unbehaglich neben der Stadt der Welt existieren, und wir sollten keine vollkommene Gesellschaft erwarten, bis Gott sie errichtet. Die Anhänger des Atheismus glauben an keine andere Dimension als die rein materielle; man bekommt, was man sieht, das ist alles.

Für den Atheismus kann somit die perfekte Gesellschaft entweder im Hier und Jetzt unter den gegebenen Bedingungen geschaffen werden oder das Ganze ist ein Hirngespinst, ein hoffnungsloser Traum.

Christen sagen ganz unverblümt, dass wir hier auf Erden nie eine vollkommene Gesellschaft hervorbringen werden. Diese wird es erst geben, wenn Gott einen neuen Himmel und eine neue Erde schafft. Zwar erhaschen wir schon jetzt flüchtige Blicke auf dieses Königreich, wenn wir Gerechtigkeit, Barmherzigkeit, Vergebung und die Gegenwart Gottes erleben, aber mehr auch nicht – nur flüchtige Blicke, nicht die ganze Wirklichkeit.

Richard Dawkins erinnert mich an jemanden, der leidenschaftlich von den Vorzügen des Sehvermögens überzeugt ist und sich Menschen gegenübersieht, die ihm den Geruchssinn zu erklären versuchen. Eine solche Person mag sich ganz der Ansicht verschrieben haben, dass man die Realität allein durch das Visuelle verstehen und erklären kann. Wenn das Sehvermögen alles wäre – wenn es die gesamte Realität fassen, erklären und beschreiben kann –, warum um alles in der

Welt brauchen wir dann den Geruchssinn? Dieser muss dann ja eine Ausgeburt der Fantasie anderer Menschen sein. Eine solche Person nimmt mit den Augen keinen Geruch wahr und schließt daraus, dass nichts dergleichen existiert. Infolgedessen lässt sie sich einen ganz wichtigen Teil der Realität entgehen und muss davon ausgehen, dass Menschen, die riechen können, verblendet und bedauernswert sind. Das Sehvermögen ist so überwältigend schön, dass er sich nicht vorstellen kann, wie sich jemand je etwas anderes wünschen könnte. Eines Tages, so denkt er, werden diese armen, fehlgeleiteten „Riecher" schon noch die Wahrheit sehen und erkennen, dass ihre Behauptung nichts weiter ist als ein Wahn, ein Irrtum.

Vielleicht besteht Dawkins' Hauptproblem ja darin, dass er die Diskussion am falschen Ende anfängt. Nirgendwo zeigt die Bibel Interesse an der Frage: „Gibt es Gott?" Die Verfasser der biblischen Bücher versuchen seine Existenz nicht zu beweisen, zu illustrieren oder Argumente für sie vorzubringen. Sie setzen sie einfach voraus. Nur so kann Gott gefunden werden.

Dawkins tendiert zu der Annahme, der Glaube an einen Gott sei eine willkürliche Meinung, die man aus irgendeinem Grund vertritt, so wie man daran glaubt, dass es morgen regnet oder dass es im Himalaja Yetis gibt.

Glaube, wie ihn die Verfasser der Bibel verstehen, ist dagegen viel facettenreicher und stärker. Glaube beginnt dann, wenn ich erkenne, dass ich nicht das bin, was ich sein könnte. Genau genommen bin ich egoistisch, leichtfertig und lieblos. Ich muss mich ändern und einen Weg finden, wie ich das tun kann. Dem Gott der Bibel geht es nicht darum, ob wir uns bequemen, an seine Existenz zu glauben oder nicht. Er möchte uns verändern. Und nur wer sich auf diese Herausforderung einlässt, wer diese Grundbereitschaft mitbringt, der wird ihn finden.

Wir finden ihn, wenn wir unser Leben nicht nur auf die Annahme aufbauen, dass Gott da ist, sondern dass man auf ihn zählen kann. Wir finden ihn, wenn wir unser Leben auf die Annahme aufbauen, dass Jesus Christus das vollkommene Ebenbild Gottes ist und dass es selbst in der schlimmsten Situation Hoffnung gibt, weil Jesus auferstanden ist, und dass die Bibel Gottes Wort ist, durch das er jeden Tag zu uns sprechen möchte. Das heißt, zum Glauben gehört eine persönliche Risikobereitschaft, und nur wer bereit ist, dieses Risiko einzugehen, kann Gott finden.

Jesus hat einmal eine Geschichte von einem Mann erzählt, der in einem Feld grub, einen versteckten Schatz fand und daraufhin all sein Hab und Gut verkaufte, um dieses Feld zu erwerben.

Auch Gott verbirgt sich in dieser Welt. Er tritt nicht offen zutage, sondern wartet darauf, von Menschen gefunden zu werden, die bereit sind, alles auf ihn zu setzen, „alles zu verkaufen, was sie haben", um ihm nachzufolgen.

Natürlich kann man diese Welt auch betrachten und Gott dabei völlig übersehen. Jesus Christus hat darauf hingewiesen, als er sagte: „Sucht, und ihr werdet finden" (Lukas 11,9). Gott hält Ausschau nach uns und möchte sich von uns finden lassen – aber das wird er niemandem aufzwingen. Nur Personen, die das „Risiko" seiner Bekanntschaft eingehen wollen, werden ihn auch tatsächlich finden. Und wer ihn dann findet, entdeckt dadurch Liebe, Abenteuer und Erfüllung – mehr, als er je für möglich gehalten hätte.

Dr. Graham Tomlin

▶▶ Wer ist Jesus?

Einleitung

Viele Jahre lang war ich kein Christ. Mein Vater war jüdischer Herkunft, aber überzeugter Agnostiker. Meine Mutter ging ebenfalls nicht zur Kirche. Ich war phasenweise Atheist und dann wieder Agnostiker, unsicher, was ich glauben sollte. In der Schule nahmen wir im Religionsunterricht die Bibel dran, zum Schluss lehnte ich jedoch alles ab, was damit zu tun hatte, und argumentierte gegen den christlichen Glauben. Eines Abends, es war am Valentinstag 1974, stellte mein bester Freund Nicky Lee meine Überzeugungen vor eine Herausforderung. Ich war gerade von einer Party zurückgekommen, als Nicky und seine Freundin Sila (heute seine Frau) vorbeikamen und mir erzählten, sie seien Christen geworden. Ich war entsetzt! In dem freien Jahr, das ich damals hatte, war ich mehreren Christen begegnet, und ich traute ihnen nicht, besonders wegen ihrer Neigung, immer so viel zu lächeln.

Mir war klar, dass ich meinen Freunden helfen musste, also dachte ich mir, ich sollte das Thema einmal eingehend recherchieren. Auf meinem Regal stand zufällig noch eine eingestaubte Bibel und so nahm ich sie an jenem Abend herunter und begann zu lesen. Ich schaffte die Bücher Matthäus, Markus und Lukas komplett und das Johannesevangelium halb, bevor ich einschlief. Als ich aufwachte, las ich Johannes zu Ende und machte mit der Apostelgeschichte, Römer sowie 1. und 2. Korinther weiter. Ich war von dem, was ich las, total gefesselt. Früher hatte ich das Neue Testament schon einmal gelesen; da hatte es mir im Grunde nichts bedeutet. Dieses Mal wurde es jedoch lebendig und ich konnte es einfach nicht beiseitelegen. Als ich das Neue Testament fertig hatte, kam ich zu dem Schluss, dass es wahr sein muss.

Zehn Jahre lang hatte ich Jura studiert und als Rechtsanwalt gearbeitet. Folglich spielten Beweise für mich eine wichtige Rolle. Ein blinder Glaubenssprung kam für mich nicht infrage, aber ich war bereit, anhand von festen historischen Beweisen einen Glaubensschritt zu wagen. In diesem Kapitel möchte ich einige dieser Beweise untersuchen.

Jemand erzählte mir, dass Jesus Christus in einem alten kommunistischen Lexikon aus Russland als „mythische Gestalt, die nie existiert hat" beschrieben wird. Kein ernst zu nehmender Historiker würde heute noch so etwas behaupten. Es gibt zahlreiche Beweise für die Existenz Jesu, und zwar nicht nur in den Evangelien und anderen christlichen Schriften, sondern auch in nichtbiblischen Quellen. So erwähnen ihn etwa die römischen Historiker Tacitus und Sueton direkt bzw. indirekt. Der jüdische Geschichtsschreiber Josephus, der im Jahre 37 n. Chr. geboren wurde, schrieb Folgendes über Jesus und seine Nachfolger:

„Nun gab es um diese Zeit Jesus, einen weisen Men-
schen, wenn es denn recht ist, ihn einen Menschen zu
nennen, denn er war ein Wundertäter und ein Lehrer
für die, die die Wahrheit mit Freuden annehmen. Er
gewann viele Juden und viele Heiden als Gefolgschaft.
Er war [der] Christus; und als Pilatus ihn auf Verlan-
gen unserer führenden Männer zum Kreuzestod verur-
teilte, wichen jene, die ihn von Anfang an liebten, nicht
von seiner Seite, denn er erschien ihnen am dritten Tag,
wieder zum Leben erwacht, wie die göttlichen Prophe-
ten dies neben unzähligen anderen wunderbaren Dingen
über ihn vorausgesagt hatten. Die Gruppe der Christen,
die nach ihm benannt sind, existiert bis auf den heuti-
gen Tag."[174]

Es gibt also auch außerhalb des Neuen Testaments Beweise für die Existenz Jesu. Zudem sind die Beweise im
Neuen Testament sehr überzeugend. Manchmal wollen
Menschen wissen: „Das Neue Testament wurde vor langer Zeit geschrieben. Woher wissen wir, dass es nicht
im Laufe der Jahre verändert wurde?" Nun, wir wissen
zuverlässig, was die Verfasser des Neuen Testaments
niedergeschrieben haben – und zwar aufgrund der wissenschaftlichen Methode der Textkritik. Grundsätzlich
gilt dabei: Je mehr alte Handschriften uns vorliegen,
desto weniger Zweifel gibt es am Original.

Der inzwischen verstorbene Professor F. F. Bruce,
ehemaliger Rylands-Professor für Neues Testament
an der Universität Manchester, schrieb ein Buch mit
dem Titel: *Are the New Testament Documents Reliable?*
(„Sind die neutestamentlichen Dokumente zuverlässig?"). Darin zeigt er auf, wie umfangreich und damit

zuverlässig die neutestamentliche Textüberlieferung im Vergleich zu anderen antiken Dokumenten ist. Die folgende Tabelle fasst die wesentlichen Fakten zusammen und macht den Umfang der neutestamentlichen Textüberlieferung deutlich.

Werk	Abfassungszeit	erste Handschrift	Zeitspanne (Jahre)	Anzahl der Handschriften
Herodot	488–428 v. Chr.	900 n. Chr.	1.300	8
Thukydides	460–400 v. Chr.	ca. 900 n. Chr.	1.300	8
Cäsar, „Gallischer Krieg"	58–50 v. Chr.	900 n. Chr.	950	9–10
Livius, „Römische Geschichte"	59–12 n. Chr.	900 n. Chr.	900	20
Neues Testament	40–100 n. Chr.	130/350 n. Chr.*	300	mehr als 5.000 griech., 10.000 lat. und 9.300 andere Handschriften

*130 n. Chr.: Teile einzelner Handschriften; 350 n. Chr.: alle Handschriften des Neuen Testaments komplett

Wie F. F. Bruce anmerkt, sind von Cäsars „Gallischem Krieg" neun oder zehn Exemplare erhalten, von denen das älteste 950 Jahre nach Cäsars Tod niedergeschrieben wurde. Von der „Römischen Geschichte" des Livius haben wir nicht mehr als 20 Exemplare, von denen das älteste ebenfalls etwa aus dem Jahr 900 n. Chr. stammt. Von den 14 Büchern der „Historien" des Tacitus sind nur 20 Abschriften erhalten; bei den 16 Büchern seiner „Annalen" sieht es ähnlich aus. 10 Teile seiner beiden großen historischen Werke stützen sich ausschließlich auf zwei Manuskripte, das eine aus dem 9. Jahrhundert, das andere aus dem 11. Jahrhundert. Die Berichte in „Der Peloponnesische Krieg" von Thukydides kennen wir fast ausschließlich aus 8 Manuskripten aus der Zeit um 900 n. Chr. Das Gleiche gilt für die „Historien" des Herodot.

Trotz der langen Zeitspannen zwischen Original und erhaltenen Abschriften und trotz der relativ geringen Zahl der Handschriften bezweifelt kein Altertumswissenschaftler die Echtheit dieser Werke.

Was das Neue Testament betrifft, haben wir dagegen Material in Hülle und Fülle. Die Schriften des Neuen Testaments wurden wahrscheinlich zwischen 40 und 100 n. Chr. verfasst. Aus dem Jahr 350 n. Chr. haben wir bereits ausgezeichnete Abschriften des gesamten Neuen Testaments, was eine maximale Zeitspanne von lediglich 300 Jahren bedeutet. Zudem existieren schon aus dem 3. Jahrhundert Papyri, die die meisten Schriften des Neuen Testaments enthalten. Vom Johannesevangelium gibt es sogar ein Fragment, das von Wissenschaftlern auf 125 n. Chr. datiert wurde. Insgesamt gibt es über 5.000 griechische Handschriften, mehr als

10.000 lateinische sowie 9.300 weitere in anderen alten Sprachen. Darüber hinaus haben wir über 36.000 Zitate in den Texten der frühen Kirchenväter.

Einer der größten Textkritiker aller Zeiten, F. J. A. Hort, schrieb: „Was Vielfalt und Umfang der Belege anbelangt, steht der Text des Neuen Testaments absolut unangefochten und einzigartig da, weit vor allen anderen antiken Prosaschriften."[175]

Bruce fasst dies mit einem Zitat von Frederic Kenyon zusammen, einem der führenden Gelehrten auf diesem Gebiet:

„Die Zeitspanne zwischen der ursprünglichen Abfassung und den ältesten erhaltenen Manuskripten ist so gering, dass sie praktisch nicht erwähnenswert ist. Somit ist der letzte Zweifel hinfällig, ob die Schriften uns im Wesentlichen so überliefert wurden, wie sie geschrieben wurden. Authentizität wie grundsätzliche Integrität der Schriften des Neuen Testaments können damit als endgültig gesichert gelten."[176]

Albert Einstein wurde einmal gefragt, ob er das Neue Testament für einen gültigen historischen Befund über das Leben Jesu halte, worauf er antwortete: „Ohne Frage! Niemand kann die Evangelien lesen, ohne dabei die Gegenwart Jesu zu spüren. Seine Persönlichkeit pulsiert in jedem Wort. Kein Mythos ist so voller Leben."[177]

Es gibt also plausible und überzeugende Beweise für die Verlässlichkeit der *schriftlichen* Überlieferung. Doch durch eine Reihe historiografischer Methoden haben neuere Forschungen ergeben, dass die in den

Evangelien übernommene *mündliche* Überlieferung ebenfalls eine hohe Glaubhaftigkeit besitzt. So hat zum Beispiel Richard Bauckham, ein hochgeachteter Professor für neutestamentliche Studien an der Universität von St. Andrew, überzeugende Argumente dafür geliefert, dass die Augenzeugen von Jesu Leben, Tod und Auferstehung ihr Leben lang die anerkanntesten und maßgebendsten Quellen für jene Traditionen über Jesus blieben, aus denen die vier Verfasser der Evangelien ihre Berichte schufen. Außerdem sind die Texte der Evangelien höchstwahrscheinlich viel näher an dem dran, wie die Zeugen ihre Geschichten erzählt haben, als die meisten Gelehrten des 19. und 20. Jahrhunderts zu würdigen wussten.[178]

Demnach ist die Existenz von Jesus sowohl durch Beweise innerhalb wie außerhalb des Neuen Testaments belegt.[179] Aber wer ist er? Ich hörte den Filmregisseur Martin Scorsese in einem Fernsehinterview sagen, dass er mit seinem Film „Die letzte Versuchung Christi" zeigen wollte, dass Jesus ein Mensch war. Aber das ist heute gar nicht mehr das Problem. Heute zweifelt wohl kaum jemand daran, dass Jesus voll und ganz Mensch war. Er hatte einen menschlichen Körper, war müde (vgl. Johannes 4,6) und hungrig (vgl. Matthäus 4,2). Er empfand menschliche Emotionen: Zorn (vgl. Markus 11,15–17), Liebe (vgl. Markus 10,21) und Trauer (vgl. Johannes 11,35). Er erlebte, was alle Menschen erleben: Er wurde auf die Probe gestellt (vgl. Markus 1,13), er lernte (vgl. Lukas 2,52), er arbeitete (vgl. Markus 6,3) und er gehorchte seinen Eltern (vgl. Lukas 2,51).

Weit häufiger wird heute die Ansicht vertreten, Jesus sei zwar ein bedeutender religiöser Lehrer gewesen,

allerdings nur ein Mensch. In seinem Buch „Sakrileg"
beschreibt Dan Brown Jesus als einen sterblichen Propheten, der zwar ein großer religiöser Lehrer und be-
eindruckender Mann mit unglaublichem Einfluss war,
aber nicht der Sohn Gottes.

Bono, Leadsänger der irischen Band „U2", hat dagegen gesagt: „Ich glaube, dass Jesus der Sohn Gottes *ist*.
So komisch das klingt, aber ich glaube es echt."

Selbst Jean-Jacques Rousseau, einer der großen Philosophen der Aufklärung, war überzeugt: „Ja, wenn des
Sokrates Leben und Tod eines Weisen würdig sind, so
erkennen wir bei Christo das Leben und den Tod eines
Gottes."[180]

Können wir mit einer derartigen Aussage überein-
stimmen? Welche Hinweise haben wir darauf, dass Jesus mehr als nur ein wunderbarer Mensch oder ein großer Lehrer war? Wie wir sehen werden, gibt es eine
ganze Menge davon. Sie stützen den Anspruch des
Christentums, dass Jesus der einzigartige Sohn Gottes
war und ist. Tatsächlich ist er Gott der Sohn, die zweite
Person der göttlichen Trinität.

I. Was hat Jesus über sich selbst gesagt?

Manchmal hört man die Ansicht: „Jesus hat nie behauptet, Gott zu sein!" Tatsächlich zog Jesus wirklich nicht
herum und verkündete überall: „Ich bin Gott." Aber
wenn man in Betracht zieht, was er lehrte und welche
Ansprüche er erhob, dann kann es keinen Zweifel daran geben, dass er sich für einen Mensch hielt, dessen
Identität Gott war.

Einer der faszinierendsten Aspekte an Jesus ist die Tatsache, dass ein Großteil seiner Lehre seine eigene Person betrifft. Die meisten religiösen Lehrer weisen auf Gott, weg von sich selbst, und das ist ja auch zu erwarten. Mohammed wäre entsetzt gewesen, wenn ihn jemand als Gott bezeichnet hätte; Buddha lehrte, dass im Prinzip jeder in seine Fußstapfen treten und das „Nirvana" erreichen könne; Platon glaubte, dass viele andere genauso wie er die Welt der „transzendenten Objekte" wahrnehmen könnten. Das Christentum ist dagegen eigentlich gar kein „-tum", weil es dabei nicht um eine bloße Idee geht. Vielmehr geht es um eine Person: Jesus, der überaus demütig und zurückhaltend war und dennoch auf sich selbst wies, um Menschen auf Gott zu weisen. Er sagte den Menschen sinngemäß: „Wer eine Beziehung zu Gott haben möchte, muss zu mir kommen" (vgl. Johannes 14,6). Durch eine Beziehung zu Jesus können wir also Gott begegnen.

Im Herzen eines jeden Menschen nagt ein tiefer Hunger. Die führenden Psychologen des 20. Jahrhunderts haben dies alle anerkannt. Freud meinte, die Leute hungerten nach Liebe. Jung glaubte, sie hungerten nach Sicherheit. Und Adler meinte, sie hungerten nach Bedeutung. Jesus sagt: „Ich bin das Brot des Lebens" (Johannes 6,35). Mit anderen Worten: „Wer seinen Hunger stillen will, komme zu mir!"

Suchterkrankungen sind in unserer Gesellschaft weitverbreitet. Jesus hat von sich selbst gesagt: „Wenn nun der Sohn euch frei machen wird, so werdet ihr wirklich frei sein" (Johannes 8,36). Viele Menschen leben heute in Dunkelheit, Depression, Enttäuschung und Verzweiflung. Sie suchen nach einer Richtung für ihr Leben. Jesus sagte: „Ich bin das Licht der Welt; wer mir nachfolgt, wird nicht in der Finsternis wandeln, sondern wird das Licht des Lebens haben" (Johannes 8,12). Als ich Christ wurde, war es wie in einem Zimmer, in dem plötzlich das Licht angeschaltet wird: Ich konnte alles zum ersten Mal sehen.

Viele Menschen haben Angst vor dem Tod. Eine Frau erzählte mir, dass sie manchmal nicht schlafen könne und immer wieder schweißgebadet aus dem Schlaf aufwache. Sie hatte Angst vor dem Tod, da sie nicht wusste, was danach mit ihr geschehen würde. Jesus sagt: „Ich bin die Auferstehung und das Leben; wer an mich glaubt, wird leben, auch wenn er gestorben ist; und jeder, der da lebt und an mich glaubt, wird nicht sterben" (Johannes 11,25–26). Kurz vor ihrem Tod wurde Mutter Teresa gefragt, ob sie Angst vor dem Sterben habe. Darauf antwortete sie: „Wie könnte ich? Sterben heißt, nach Hause zu Gott zu gehen. Ich habe nie Angst davor gehabt. Nein. Ganz im Gegenteil, ich freue mich sogar darauf!"

Viele wissen einfach nicht, wie sie ihr Leben führen sollen oder wen sie sich zum Vorbild nehmen sollen. Ich kann mich an die Zeit erinnern, bevor ich Christ wurde; damals war ich immer wieder von unterschiedlichen Menschen beeindruckt. Jedes Mal wollte ich dem Betreffenden ähnlich werden. Jesus sagt: „Kommt mir nach" (Markus 1,17). Er sagte, ihn aufzunehmen bedeute, Gott aufzunehmen (Matthäus 10,40; Markus 9,37), und ihn gesehen zu haben bedeute, Gott gesehen zu haben (Johannes 14,9).

Ein kleiner Junge malte einmal ein Bild. Die Mutter fragte ihn: „Was machst du denn da?"

Der Junge antwortete: „Ich male ein Bild von Gott!"

Daraufhin meinte seine Mutter: „Das geht doch nicht! Es weiß doch keiner, wie Gott aussieht."

Das Kind erwiderte: „Warte nur, bis ich mein Bild fertig habe! Dann weiß das jeder."

Jesus sagte ebenfalls sinngemäß: „Wer wissen will, wie Gott aussieht, der soll mich anschauen."

2. Indirekte Ansprüche

Jesus machte eine Reihe von Aussagen, die zwar keinen direkten Anspruch darstellen, dass er sich als Gott betrachtete, aber dennoch zeigen, dass er sich auf einer Stufe mit ihm sah. Dazu ein paar Beispiele: Bekannt ist sein Anspruch, Sünden vergeben zu können. Zu einem gelähmten Mann sagte er: „Kind, deine Sünden sind vergeben" (Markus 2,5). Die Reaktion der religiösen Führer war dann: „Was redet dieser so? Er lästert. Wer kann Sünden vergeben außer einem, Gott?" Daraufhin stellte Jesus seine Vollmacht, Sünden zu vergeben, unter Beweis, indem er den gelähmten Mann heilte. Dieser Anspruch, Sünden vergeben zu können, ist in der Tat höchst bemerkenswert.

C. S. Lewis hat dies deutlich formuliert:

„Dabei entgeht uns oft ein gewisser Aspekt seiner Behauptung. Wir haben ihn schon so oft gehört, dass wir gar nicht mehr wissen, was damit eigentlich gesagt wird. Ich meine den Anspruch, Sünden zu vergeben.

Diese Behauptung ist wirklich so ungeheuerlich, dass sie komisch wirken muss, solange sie nicht von Gott selbst kommt. Wir alle wissen, wie ein Mensch ihm angetanes Unrecht vergibt. Jemand tritt mir auf den Fuß, und ich verzeihe ihm; jemand stiehlt mir mein Geld, und ich vergebe ihm. Was aber würden wir von einem Menschen halten, der – selber unberaubt und unbehelligt – verkündet, er vergebe allen, die anderen Leuten auf die Füße treten und anderer Leute Geld stehlen? Eselsdumme Albernheit wäre noch die zarteste Umschreibung für ein derartiges Verhalten.

Und doch hat Jesus eben dies getan. Er sagte den Menschen, ihre Sünden seien ihnen vergeben, ohne erst alle die anderen zu fragen, denen sie mit ihren Sünden Unrecht getan hatten. Er verhielt sich einfach so, als sei er der am meisten Betroffene, als sei er derjenige, demgegenüber man sich am meisten vergangen habe. Das ist jedoch nur dann verständlich, wenn er wirklich der Gott ist, dessen Gesetze gebrochen werden und dessen Liebe durch jede Sünde verletzt wird. Im Mund jedes anderen, der nicht Gott ist, würden diese Worte doch wohl ein Maß von Einfältigkeit und Einbildung zum Ausdruck bringen, das in der Geschichte seinesgleichen suchen müsste."[181]

Mit der Aussage, eines Tages werde er die Welt richten, erhob Jesus einen weiteren außergewöhnlichen Anspruch (Matthäus 25,31–32). Über seine Wiederkunft sagte er: „[...] dann wird er sich auf seinen Thron der Herrlichkeit setzen" (Vers 31). Alle Nationen würden vor ihm versammelt und er werde sie richten. Einige sollten dann ewiges Leben erhalten und ein Erbe, das

156

seit Erschaffung der Welt für sie bereitstand, während andere die Strafe leiden müssten, auf ewig von ihm getrennt zu sein. Jesus beansprucht zu entscheiden, was mit jedem von uns am Ende der Zeit geschehen soll. Er wird nicht nur der Richter sein, sondern auch der Maßstab des Gerichts. Davon, wie wir in diesem Leben auf Jesus reagieren, hängt ab, was am Jüngsten Tag mit uns geschehen wird (vgl. Matthäus 25,40.45).

Angenommen, der Pfarrer Ihrer Gemeinde würde sich auf die Kanzel stellen und behaupten: „Beim Jüngsten Gericht werden Sie alle vor mich treten. Ich werde dann über Ihr Schicksal in der Ewigkeit entscheiden. Was mit Ihnen geschieht, hängt davon ab, wie Sie mit mir und meinen Anhängern umgegangen sind." Wenn ein normaler Mensch einen solchen Anspruch erhebt, dann ist das geradezu grotesk. Und deshalb haben wir hier einen weiteren indirekten Anspruch Jesu auf die Identität Gottes.

Als man Jesus die Frage stellte: „Bist du der Messias, der Sohn des Hochgelobten?", antwortete er: „Ich bin es! Und ihr werdet den Sohn des Menschen sitzen sehen zur Rechten der Macht und kommen mit den Wolken des Himmels." Da zerriss der Hohepriester sein Gewand und rief: „Was brauchen wir noch Zeugen? Ihr habt die Lästerung gehört. Was meint ihr?" (Markus 14,61–64). Nach diesem Bericht wird Jesus wegen seines Anspruchs zum Tode verurteilt. Aus der Sicht der Juden stellte dieser Anspruch eine Gotteslästerung dar, die den Tod verdiente.

Bei einer anderen Gelegenheit wollten die Juden gerade beginnen, Jesus zu steinigen, als er sie fragte: „Warum wollt ihr mich steinigen?" Sie antworteten ihm: „[W]egen Lästerung, und weil du, der du ein Mensch bist, dich selbst zu Gott machst" (Johannes 10,33). Seine Feinde waren also eindeutig der Meinung, dass er diesen Anspruch erhob.

Als Thomas, einer seiner Jünger, vor Jesus niederkniete und ausrief: „Mein Herr und mein Gott!" (Johannes 20,28), wies Jesus ihn nicht zurecht und sagte: „Nein, nein, das darfst du nicht sagen. Ich bin nicht Gott." Stattdessen erwiderte er: „Weil du mich gesehen hast, hast du geglaubt. Glückselig sind, die nicht gesehen und doch geglaubt haben!" (Johannes 20,29). Er tadelte also Thomas, dass dieser so lange gebraucht hatte, das zu erkennen.

Wenn jemand einen solchen Anspruch erhebt, muss man das nachprüfen. Die unterschiedlichsten Menschen erheben die unterschiedlichsten Ansprüche. Die bloße Tatsache, dass jemand beansprucht, eine bestimmte Person zu sein, bedeutet noch lange nicht, dass er auch recht hat. Es gibt genügend Menschen, die sich täuschen; manche davon befinden sich in einer psychiatrischen Anstalt. Sie halten sich für Napoleon oder den Papst, aber sie sind es nicht. Wie prüfen wir solche Ansprüche?

Jesus beanspruchte, Gottes einziger Sohn zu sein: der Mensch gewordene Gott. Logisch gesehen gibt es drei Möglichkeiten: Ist der Anspruch falsch und Jesus war sich dessen bewusst, dann war er ein Betrüger der übelsten Sorte. Das ist die erste Möglichkeit. Oder der Anspruch ist falsch, aber er wusste es nicht. Dann hat er sich getäuscht und war verrückt. Das ist die zweite Möglichkeit. Und die dritte Möglichkeit ist, dass sein Anspruch stimmt. C. S. Lewis formuliert dies so:

„Ein bloßer Mensch, der solche Dinge sagen würde, wie Jesus sie gesagt hat, wäre kein großer Morallehrer. Er wäre entweder ein Irrer oder der Satan in Person. Wir müssen uns deshalb entscheiden: Entweder war - und ist - dieser Mensch Gottes Sohn, oder er war ein Narr oder Schlimmeres. [...] Aber wir können ihn nicht mit gönnerhafter Herablassung als einen großen Lehrer der Menschheit bezeichnen. Das war nie seine Absicht; diese Möglichkeit hat er uns nicht offengelassen."[182]

II. Welche Indizien gibt es für seinen Anspruch?

Um herauszufinden, welche dieser drei Möglichkeiten zutrifft, müssen wir uns genauer ansehen, was wir über das Leben Jesu wissen.

1. Seine Lehre

Es besteht weitgehend Einigkeit darüber, dass die Lehre Jesu das Großartigste ist, was je ein Mensch geäußert hat. Die Bergpredigt enthält einige äußerst herausfordernde und radikale Lehren: „Liebt eure Feinde" (Matthäus 5,44); „[W]enn jemand dich auf deine rechte Backe schlagen wird, dem biete auch die andere dar" (Matthäus 5,39); „Und wie ihr wollt, dass euch die Menschen tun sollen, tut ihnen ebenso!" (Lukas 6,31).

John Mortimer, Schöpfer der bekannten britischen Fernsehserie „Rumpole", hat erklärt, warum er zwar schon lange nicht mehr an Gott glaubt, sich nun aber als „führendes Mitglied der Vereinigung von Atheisten für Christus" beschreiben würde! Auf die Frage hin, was diese Veränderung hervorgerufen habe, sagte er: „Weil ich gesehen habe, wie die Gesellschaft sich verändert hat, weil sich eine Generation gegen Gott und damit auch gegen christliche Ethik gestellt hat. Ganz ohne Zweifel", schreibt er, „geben uns die Evangelien eine ethische Grundlage, die wir zurückgewinnen müssen, um eine soziale Katastrophe zu vermeiden." Der Artikel trug die Überschrift: „Selbst Ungläubige sollten heute wieder zur Kirche gehen".

Die Lehre Jesu bildet die Grundlage unserer gesamten westlichen Zivilisation. Viele Gesetze unseres Landes gehen ursprünglich auf sie zurück. In praktisch allen Gebieten der Wissenschaft und Technik haben wir große Fortschritte gemacht. Wir reisen mit einer höheren Geschwindigkeit und wissen mehr als je zuvor. Trotzdem hat in den vergangenen zweitausend Jahren keiner die Ethik Jesu verbessert. Kann eine solche Lehre wirklich von einem Betrüger oder einem Geistesgestörten stammen?

Bernard Ramm, amerikanischer Professor für Theologie, äußerte sich folgendermaßen über die Aussagen Jesu:

„Sie werden häufiger gelesen, häufiger zitiert, häufiger geliebt, häufiger geglaubt und häufiger übersetzt, weil sie die größten Worte sind, die je gesprochen wurden [...]. Ihre Größe liegt in ihrer anschaulichen geistlichen Klarheit, mit der sie die tiefsten Probleme des Menschen deutlich, vollmächtig und endgültig ansprechen [...]. Kein anderer hat je Worte von solcher Kraft gesprochen; kein anderer konnte diese fundamentalen menschlichen Fragen in der Weise beantworten, wie Je-

sus es tat. Solche Worte und solche Antworten erwartet man nur von Gott."[183]

2. Seine Werke

Um Jesu außergewöhnliche Behauptung zu beurteilen, sollte man nicht nur auf seine Worte achten, sondern auch auf seine Taten. Jesus erklärte, dass die Wunder, die er vollbrachte, bewiesen, „dass der Vater in mir ist und ich in dem Vater" (Johannes 10,38).

Jesus muss der außergewöhnlichste Mensch gewesen sein, dem man begegnen konnte. Manche Leute behaupten, das Christentum sei eine langweilige Angelegenheit. Für den, der mit Jesus zusammen war, traf das jedenfalls nicht zu. Auf einem Fest verwandelte er Wasser in Wein (vgl. Johannes 2,1–11). Von einem Mann erhielt er ein Lunchpaket und vermehrte es, sodass Tausende satt wurden (vgl. Markus 6,30–44). Er hatte Gewalt über die Elemente und stillte einen Sturm, indem er dem Wind und den Wellen befahl, Ruhe zu geben (vgl. Markus 4,35–41). Er vollbrachte die außergewöhnlichsten Heilungen: Blinde konnten sehen, Taube und Stumme konnten hören und sprechen, Gelähmte konnten wieder gehen. Bei einem Besuch in einem Krankenhaus heilte er einen Mann, der seit achtunddreißig Jahren gelähmt gewesen war; der Mann hob seine Liegematte auf und fing an umherzugehen (vgl. Johannes 5,1–9). Er befreite Menschen von bösen Mächten, die ihr Leben beherrscht hatten. Gelegentlich machte er sogar Tote wieder lebendig (vgl. Johannes 11,38–44).

Es waren jedoch nicht nur seine Wunder, die sein

Auftreten so beeindruckend machten. Noch eindrücklicher war seine Liebe, insbesondere den Menschen gegenüber, die nicht liebenswert erschienen (z. B. Aussätzige und Prostituierte). Diese Liebe war die Motivation für alles, was er tat. Sie zeigte sich am stärksten in seinem Tod am Kreuz. Das war der eigentliche Grund dafür, dass er überhaupt Mensch wurde. Als man ihn folterte und ans Kreuz nagelte, rief er: „Vater, vergib ihnen, denn sie wissen nicht, was sie tun" (Lukas 23,34).

Kann ein Betrüger oder ein Verrückter auf diese Weise handeln?

Als Napoleon auf St. Helena im Exil war, soll er zu einem seiner ehemaligen Generäle gesagt haben: „Ich kenne die Menschen, und ich sage Ihnen, dass Jesus kein Mensch ist. [...] Alles an Christus erstaunt mich. Sein Feuer beeindruckt mich tief und seine Willenskraft beschämt mich. Zwischen ihm und wem immer auf der Welt gibt es keinen Vergleich."[184]

3. Sein Charakter

Der Charakter Jesu hat Millionen von Menschen beeindruckt, auch solche, die sich selbst nicht als Christen bezeichnen würden. So schrieb beispielsweise Bernard Levin über Jesus:

„Ist das Wesen Jesu, wie es im Neuen Testament geschildert wird, nicht genug, um wie ein Schwert die Seele eines jeden zu durchdringen, der eine Seele sein Eigen nennt? [...] Immer noch lebt die Welt in seinem Schatten; immer noch ist seine Botschaft deutlich, im-

mer noch ist sein Erbarmen unendlich, immer noch
strahlen seine Worte Weisheit und Liebe aus."[185]

Er war ein Paradebeispiel für Selbstlosigkeit ohne Selbst-
mitleid; für Demut ohne Schwachheit; für Freude, die
nicht auf Kosten anderer geht; für Freundlichkeit ohne
Nachgiebigkeit. Selbst seine Feinde konnten keinen
Fehler an ihm finden; seine Freunde, die ihn gut kannten, behaupteten, er sei ohne Sünde. Wie mehrfach
festgestellt wurde, tritt unser wahrer Charakter erst in
einer Stresssituation oder unter Schmerzen zum Vor-
schein. Als Jesus gefoltert wurde, sagte er: „Vater, vergib ihnen! Denn sie wissen nicht, was sie tun" (Lukas
23,34). Von einem Menschen mit einem solchen Charakter kann man wohl kaum behaupten, er sei böse
oder nicht ganz richtig im Kopf.

4. Die Erfüllung der alttestamentlichen Prophetien

Der amerikanische Theologe und Schriftsteller Wilbur
Smith schrieb:

„Die Antike kannte unter dem Namen der Wahrsage-
kunst viele unterschiedliche Methoden der Zukunftsvor-
hersage. Doch findet sich in der gesamten griechischen
und lateinischen Literatur (selbst dort, wo Begriffe wie
‚Prophet' oder ‚Prophetie' verwendet werden) nirgends
eine wirklich konkrete Vorhersage eines großen histo-
rischen Ereignisses, das in ferner Zukunft stattfinden
sollte, auch keine Prophetie über das Kommen eines Er-
lösers der Menschheit [...]. Der Islam kann keine jahr-
hundertealten prophetischen Vorhersagen des Kommens

Mohammeds vorweisen. Ebenso wenig kann irgendein Sektengründer in diesem Land auf irgendeinen alten Text verweisen, in dem sein Auftreten vorhergesagt worden wäre. "[186]

Jesus dagegen erfüllte über dreihundert Prophetien (die unterschiedliche Personen über einen Zeitraum von über fünfhundert Jahren gemacht hatten), darunter neunundzwanzig, die an einem einzigen Tag in Erfüllung gingen: seinem Todestag. Auch wenn einige dieser Prophetien schon zu Lebzeiten des jeweiligen Propheten in bestimmter Hinsicht erfüllt worden sein mochten, fanden sie ihre umfassendste, ihre wahre Erfüllung erst in der Person Jesus Christus.

Nun könnte man annehmen, Jesus sei ein äußerst raffinierter Mensch gewesen, der diese Prophetien ganz gezielt erfüllen wollte, um der im Alten Testament prophezeite Messias zu sein. Das Problem dabei ist, dass allein schon die große Zahl von Prophetien das außerordentlich erschwert hätte. Zweitens hatte er, menschlich gesehen, keine Macht über viele der Ereignisse. So finden sich im Alten Testament beispielsweise Einzelheiten über seinen Tod (vgl. Jesaja 53), den Ort seines Begräbnisses und sogar über seinen Geburtsort (vgl. Micha 5,2). Angenommen, Jesus wäre ein Betrüger gewesen, der diese Prophetien alle eigenmächtig erfüllen wollte. Bis er erkannte, wo er hätte geboren werden sollen, wäre es schon reichlich spät gewesen!

5. Seine Auferstehung

Die leibliche Auferstehung Jesu Christi von den Toten ist das Fundament des christlichen Glaubens. Der Atheist Richard Dawkins hat ganz richtig gesagt: „Wenn die Auferstehung nicht wirklich passiert ist, muss man das Christentum für null und nichtig erklären."[187] Bei mir waren es das Leben, der Tod und besonders die Auferstehung Jesu, durch die ich überhaupt an Gott zu glauben begann.

Tom Wright, der neutestamentliche Theologe und Bischof von Durham, sagte: „Die Botschaft des Christentums liegt nicht darin, dass wir Jesus im Rahmen eines uns bereits bekannten Gottes begreifen. Vielmehr lautet sie: Die Auferstehung Jesu legt nahe, dass die Welt einen Schöpfer hat und dass Jesus den Rahmen vorgibt, durch den dieser Schöpfer betrachtet werden sollte. Er ist die Brille, durch die wir Gott sehen."

Aber welche Beweise gibt es dafür, dass sie auch tatsächlich stattgefunden hat? Ich möchte die Belege in vier Punkten zusammenfassen.

a) Das leere Grab

Es gibt eine ganze Reihe von Theorien, die versuchen, die Tatsache zu erklären, dass die Leiche Jesu am ersten Ostertag nicht in seinem Grab war. Aber keine davon ist überzeugend. Manche Leute meinen, Jesus sei gar nicht am Kreuz gestorben, sondern noch am Leben gewesen, als er ins Grab gelegt wurde. Nach einiger Zeit habe er sich dann wieder erholt. Doch Mel Gibsons Film „Die Passion" hat nur allzu klar verdeutlicht, welche körperlichen Strapazen Jesus aushalten musste, als er von den Römern ausgepeitscht wurde. Dann war er sechs Stunden lang am Kreuz festgenagelt gewesen. Konnte ein Mann in dieser körperlichen Verfassung einen Stein wegrollen, der schätzungsweise eineinhalb Tonnen wog? Die Soldaten waren eindeutig davon überzeugt, dass er tot war, denn sonst hätten sie seine Leiche nicht vom Kreuz genommen. Hätten sie einem Gefangenen die Flucht ermöglicht, so wären sie dafür mit dem Tod bestraft worden. Ein neutestamentlicher Gelehrter hat gewitzelt, das einzig Faszinierende an dieser Theorie sei, dass *sie* immer wieder von den Toten zurückkomme!

Als man sah, dass Jesus tot war, durchbohrte darüber hinaus „einer der Soldaten [...] mit einem Speer seine Seite, und sogleich kam Blut und Wasser heraus" (Johannes 19,34). Dies dürfte eine Beschreibung für die Trennung von Blut und Serum sein, was aus medizinischer Sicht einen stichhaltigen Beweis liefert, dass Jesus bereits tot war.[188] Das Wissen um diese Tatsache war damals aber noch gar nicht vorhanden; Johannes erwähnt sie aus einem ganz anderen Grund. Umso stärker ist der Beweis für den tatsächlichen Tod Jesu.

Zweitens hat man die These aufgestellt, die Jünger hätten die Leiche gestohlen. Danach hätten sie das Gerücht gestreut, Jesus sei von den Toten auferstanden. Ganz abgesehen von der Tatsache, dass das Grab bewacht wurde, ist diese Theorie schon aus psychologischen Gründen unwahrscheinlich. Nach dem Tod Jesu waren seine Jünger völlig enttäuscht und niedergeschlagen. Es hätte schon etwas Außergewöhnlichem bedurft, um Petrus zu dem Mann zu machen, durch dessen Predigt dann an Pfingsten dreitausend Menschen zum Glauben kamen. Wenn man zudem bedenkt, wie viel Leid die Jünger für ihren Glauben an die Auferstehung Jesu in Kauf nehmen mussten (öffentliche Auspeitschungen, Folter und in einigen Fällen sogar den Tod), dann ist es kaum vorstellbar, dass sie alle dazu bereit gewesen wären, wenn es nicht gestimmt hätte.

Ein Naturwissenschaftler von der Universität Cambridge und Freund von mir wurde Christ, weil er bei der Überprüfung der Fakten zu der Überzeugung kam, dass die Jünger nicht für etwas in den Tod gegangen wären, von dem sie wussten, dass es nicht wahr war.

Eine dritte Theorie meint, die Behörden hätten den Leichnam gestohlen. Aber das ist noch unwahrscheinlicher. Warum haben sie ihn dann nicht vorgezeigt, um die Gerüchte zu unterbinden, Jesus sei von den Toten auferstanden? Wissen Sie noch, wie schnell das irakische Fernsehen nach Saddam Husseins Hinrichtung Bilder von seinem Leichnam ausstrahlte? Die Behörden (sowohl der Juden als auch der Römer) hätten gewiss alles in ihrer Macht Stehende getan, um Jesu Leichnam öffentlich zur Schau zu stellen, wenn sie in der Lage gewesen wären, ihn zu finden.

Aber das vielleicht faszinierendste Beweisstück in Verbindung mit dem leeren Grab Jesu ist die Beschreibung der Grabgewänder, die Johannes liefert. In gewisser Weise ist der Begriff „das leere Grab" irreführend. Als Petrus und Johannes zum Grab kamen, sahen sie die Leichentücher, die, wie es der christliche Apologet Josh McDowell ausdrückte, „der leeren Hülle glichen, aus der der Schmetterling schon entschlüpft war"[189]. Es war, als ob Jesus einfach durch die Grabgewänder hindurchgegangen wäre. So überrascht es nicht, dass Johannes „sah und glaubte" (Johannes 20,8).

b) Die Erscheinungen vor seinen Jüngern
Handelte es sich dabei um Halluzinationen? Eine Halluzination ist dem *Concise Oxford Dictionary* zufolge „die scheinbare Wahrnehmung eines äußeren Objekts, das in Wirklichkeit nicht vorhanden ist". Halluzinationen treten normalerweise bei äußerst nervösen und fantasiebegabten Leuten auf oder bei klinisch kranken oder unter Drogeneinfluss stehenden Menschen.

Die Jünger passen in keine dieser Kategorien. Bodenständige Fischer, Steuerbeamte und Skeptiker wie Thomas neigen nicht zu Halluzinationen. Außerdem hören solche Halluzinationen nicht einfach abrupt auf. Jesus erschien seinen Jüngern zu elf verschiedenen Gelegenheiten über einen Zeitraum von sechs Wochen hinweg. Die Anzahl dieser Vorkommnisse und ihr plötzliches Aufhören machen die Halluzinationstheorie äußerst unwahrscheinlich. Zudem sahen über fünfhundert Menschen den auferstandenen Jesus gleichzeitig. Ein Einzelner kann Halluzinationen haben; vielleicht ist es sogar möglich, dass zwei oder drei die gleiche Halluzination erleben. Aber wie wahrscheinlich ist es, dass fünfhundert Leute alle dieselbe Halluzination haben? Und nicht zuletzt sind Halluzinationen von ihrem Wesen her extrem subjektiv. Es liegt ihnen keine objektive Wirklichkeit zugrunde – es ist, als ob man Gespenster sieht. Jesus dagegen konnte man anfassen, er aß ein Stück gebratenen Fisch (vgl. Lukas 24,42–43) und bereitete einmal sogar den Jüngern ein Frühstück (vgl. Johannes 21,1–14). Petrus sagt von sich und den anderen Jüngern: „[...] die wir mit ihm nach seiner Auferstehung gegessen und getrunken haben" (Apostelgeschichte 10,41). Jesus führte lange Gespräche mit ihnen und lehrte sie viele Dinge über das Reich Gottes (vgl. Apostelgeschichte 1,3).

c) Die unmittelbaren Auswirkungen

Die Auferstehung Jesu von den Toten hatte, wie zu erwarten, dramatische Auswirkungen auf die ganze Welt. Es war die Geburtsstunde der Kirche und sie wuchs mit einer enormen Geschwindigkeit. Michael Green, Autor vieler wissenschaftlicher und populärwissenschaftlicher Bücher, schreibt:

„[Die] Kirche [...], die mit einer Handvoll ungebildeter Fischer und Zöllner begann, nahm in den nächsten 300 Jahren die gesamte damals bekannte Welt im Sturm. Es ist die absolut erstaunliche Geschichte einer friedlichen Revolution, die in der Weltgeschichte ihresgleichen sucht. Sie ereignete sich, weil Christen zu Menschen, die auf der Suche waren, sagen konnten: ‚Jesus starb nicht nur für dich. Er lebt! Du kannst ihm persönlich begegnen und dich selbst von der Wirklichkeit dessen überzeugen, wovon wir reden!' Und das taten die Menschen und schlossen sich dann der Kirche an; und die Kirche, die in diesem Ostergrab geboren worden war, verbreitete sich überall."[190]

d) Die Erfahrungen der Christen

Unzählige Millionen von Menschen sind im Laufe der Geschichte dem auferstandenen Jesus in irgendeiner Weise begegnet – Menschen jeder Hautfarbe, Rasse,

Stammeszugehörigkeit und Nationalität, von allen Kontinenten, mit unterschiedlichem intellektuellen, sozialen und wirtschaftlichen Hintergrund. Und doch haben sie alle eines gemeinsam: die Erfahrung des auferstandenen Christus.

Millionen von Christen auf der ganzen Welt leben heute in einer Beziehung zu dem auferstandenen Jesus Christus. Auch ich habe in den vergangenen Jahren die Erfahrung gemacht, dass Jesus heute lebt. Ich habe seine Liebe und seine Macht erfahren; ich habe eine so reale Beziehung zu ihm erfahren, dass ich davon überzeugt bin, dass er wirklich lebt. Sherlock Holmes hat gesagt: „Wenn man alles Unwahrscheinliche ausschließt, muss das, was übrig bleibt, und sei es auch noch so unwahrscheinlich, die Wahrheit sein."[191]

Als wir uns ansahen, was Jesus über sich selbst gesagt hat, waren wir zu dem Schluss gekommen, dass es nur drei realistische Möglichkeiten gibt: Entweder war und ist er Gottes Sohn oder er war ein Irrer oder er war noch Schlimmeres. Angesichts der vorliegenden Tatsachen macht es keinen Sinn, Jesus für einen Irren oder einen Verbrecher zu halten. Angesichts dessen, was er gelehrt und getan hat, angesichts seines Charakters, angesichts der Erfüllung der alttestamentlichen Prophetien und angesichts der Tatsache, dass er den Tod besiegt hat, sind solche Vermutungen einfach völlig absurd. Die vorliegenden Fakten liefern im Gegenteil die stärksten Argumente dafür, dass Jesus sich selbst als einen Menschen sah, dessen Identität Gott war.

Zum Schluss stehen wir also, wie es C. S. Lewis ausgedrückt hat, „vor einer erschreckenden Alternative". Entweder war (und ist) Jesus das, was er sagte, oder er war verrückt oder noch Schlimmeres. C. S. Lewis erschien es offensichtlich, dass er weder verrückt noch vom Teufel besessen war, und er schlussfolgerte:

„[...] das bedeutet dann aber, dass ich anerkennen muss, dass er Gott war und ist – auch wenn mir das seltsam oder furchterregend oder einfach unwahrscheinlich vorkommt."[192]

▶▶ Anmerkungen

Kapitel 1: Hat die Naturwissenschaft
die Existenz Gottes widerlegt?

[1] Terry Eagleton: „Lunging, Flailing, Mispunching" (Rezension von „Der Gotteswahn"), S. 1.; Sam Harris: „Brief an ein christliches Land", Bertelsmann 2006.
[2] Richard Dawkins: *The Root of All Evil – part 1: „The God Delusion"*.
[3] Richard Dawkins: „Der Gotteswahn", Ullstein 2008, S. 430.
[4] Ebd., S. 440.
[5] Harris: „Brief an ein christliches Land", Bertelsmann 2008, S. 113.
[6] Jeden Tag hat die Kirche einen Nettozuwachs von 22.000 neuen Christen (ein Wachstum von 77 Millionen im letzten Jahrzehnt). Quelle: *World Christian Encyclopaedia*, Oxford University Press, Inc. USA.
[7] Friedrich Nietzsche: „Die fröhliche Wissenschaft".
[8] Dawkins: „Der Gotteswahn", S. 18.
[9] Roger Scruton: *The Oxford Dictionary of Epistemology*.
[10] Dawkins: „Der Gotteswahn", S. 17–18.

[11] Ebd., S. 18.

[12] Dawkins: *The Root of All Evil – part 1*.

[13] C. S. Lewis: „Wunder – möglich, wahrscheinlich, undenkbar?", Brunnen Verlag 1980, S. 126.

[14] Lesley Newbigin: *Foolishness to the Greeks*, SPCK 1986, S. 71.

[15] John Polkinghorne: *One World*, SBCK 1986, S. 1.

[16] Herbert Butterfield: *The Origins of Modern Science 1300–1800*, The Free Press 1957.

[17] Dawkins: *The Root of All Evil – part 1*.

[18] Richard Dawkins in einer Debatte über „The God Delusion" mit John Lennox, 3. Oktober 2007, Birmingham, Alabama.

[19] Ebd.

[20] Ebd.

[21] Ebd., S. 88.

[22] Dawkins: „Der Gotteswahn", S. 140.

[23] Ebd.

[24] John Cornwell: *Darwin's Angel. An Angelic Riposte To ‚The God Delusion'*, Profile Books 2007, S. 16–17.

[25] Michael Atiyah: *Creating a Statue of James Clerk Maxwell*, The Royal Society of Edingburgh 2007.

[26] Francis S. Collins: „Gott und die Gene: Ein Naturwissenschaftler begründet seinen Gottesglauben", Gütersloher Verlagshaus 2007, S. 3.

[27] Ebd.

[28] Dawkins: „Der Gotteswahn", S. 139–140.

[29] Collins: „Gott und die Gene", S. 5.

[30] Francis Collins: Vortrag beim Nationalen Gebetsfrühstück, Washington, D.C., 1. Februar 2007.

[31] *Borrowed Light: Hymn Texts, Prayer and Poems*, Oxford University Press 2004.

[32] Dawkins: *The Root of All Evil – part 1.*

[33] David Hume: „Untersuchungen in Betreff des menschlichen Verstandes", 1748.

[34] Max Planck: *A Scientific Autobiography*, Williams and Norgate 1950, S. 155.

[35] Lewis: „Wunder", S. 58.

[36] David Atkinson: *The Wings of Refuge*, InterVarsity Press 1983, S. 13.

[37] Stephen Hawking: *Black Holes and Baby Universes and Other Essays.* Bantam Press 1993.

[38] Für die ursprüngliche Version dieser Geschichte siehe John Lennox: „Hat die Wissenschaft Gott begraben? Eine kritische Analyse moderner Denkvoraussetzungen", Brockhaus 2002, S. 24–26.

[39] Ebd.

[40] Harris: „Brief an ein christliches Land", S. 87.

[41] Stephen J. Gould: „Impeaching a Self-Appointed Judge" (Rezension von Phillip Johnsons *Darwin on Trial*), in: *Scientific American,* 267, 1992, S. 118–121.

[42] Collins: „Gott und die Gene", S. 5.

[43] Ebd., S. 137.

[44] *Science, Philosophy and Religion, a Symposium,* New York 1941.

[45] John Houghton: „Big Science, Big God", in: *The John Ray Initiative,* JRI-Anweisungsblatt Nr. 15, S. 4–5.

[46] Ebd.

[47] *Science, Scientia, knowledge* – „The State or Fact of Knowing", in: *New Shorter English Dictionary.*

[48] Diese Frage, warum es eher Etwas als Nichts gibt, wurde vom deutschen Philosophen und Mathematiker Gottfried Wilhelm Leibniz gestellt.

[49] Harris: „Brief an ein christliches Land", S. 99.

[50] Dawkins: *The Root of All Evil – part 1.*

[51] Cornwell: *Darwin's Angel,* S. 151.

[52] Alistair McGrath mit Joanna Collicut McGrath: „Der Atheismus-Wahn", Gerth Medien 2007, S. 33.

[53] Peter Medawar: *The Limits of Science,* Oxford University Press 1985, S. 66.

[54] Collins: „Gott und die Gene", S. 55.

[55] Ebd., S. 136.

[56] Stephen Hawking, in: *The Times,* 6. September 1993.

[57] Polkinghorne: *One World,* S. 57.

[58] John Boslough: *Stephen Hawking's Universe,* Avon 1989, S. 109.

[59] Dawkins: „Der Gotteswahn", S. 199.

[60] Siehe ebd.

[61] Ebd., S. 491.

[62] J. John: *Life Means What?,* Hodder & Stoughton, S. 13.

[63] Humphrys: *In God We Doubt,* S. 280–281.

[64] Ebd., S. 321–322.

[65] Ebd., S. 310–311.

[66] J. B. Philipps: *Gathered Gold,* Evangelical Press, 1984.

Kapitel 2: Ist die Religion eher schädlich als nützlich?

[67] Tobias Jones: „Secular Fundamentalists are the new Totalitarians", in: *The Guardian,* Samstag, 6. Januar 2007.

[68] Richard Dawkins: „Is Science a Religion?", in: *The Humanist* 57, 1997, S. 26–29.

[69] C. S. Lewis: „Pardon, ich bin Christ", Brunnen Verlag

1977, S. 43.

[70] Collins: „Gott und die Gene", S. 189.

[71] Dawkins: „Der Gotteswahn", S. 344.

[72] Ebd., S. 45.

[73] Humphrys: *In God We Doubt,* S. 145.

[74] Alvin Plantinga.

[75] Thomas Paine: *The Age of Reason,* 1795.

[76] McGrath: „Der Atheismus-Wahn", S. 115.

[77] Dies ist kein Buch über Hermeneutik (d. h., wie man die Bibel auslegt). Für Genaueres siehe John Goldingay: *Approaches to Old Testament Interpretation,* aktualisierte Ausgabe, Apollos 1990; Christopher J. H. Wright: *Knowing Jesus through the Old Testament,* Monarch Books 2005, 1992.

[78] Mehr dazu in Amy Orr-Ewing: *Why Trust The Bible?,* InterVarsity Press 2005, S. 92; John W. Wenham: *The Enigma of Evil – Can we believe in the Goodness of God?,* InterVarsity Press 1985, S. 13–16.

[79] Nicholas Lash: „Where Does The God Delusion Come From?", in: *New Blackfriars Magazine,* S. 253.

[80] Dawkins: „Der Gotteswahn", S. 350.

[81] Christopher Hitchens: „Der Herr ist kein Hirte: Wie die Religion die Welt vergiftet", Blessing 2007.

[82] Debatte zwischen Alister McGrath und Christopher Hitchens, 12. Oktober 2007, Georgetown, USA.

[83] Dawkins schreibt dazu: „DNA hat da kein Mitspracherecht. DNA existiert einfach. Und wir tanzen nach ihrer Pfeife." Aus Dawkins' Buch: „Und es entsprang ein Fluss in Eden: Das Uhrwerk der Evolution".

[84] Das „gottförmige Vakuum" wird fälschlicherweise Sartre zugeschrieben. In Wirklichkeit geht die Formulierung auf Blaise Pascal zurück.

[85] Rod Liddle, in: *Sunday Times*, 8. Oktober 2006.

[86] Nachwort von Richard Dawkins in John Brockmas: *What Is Your Dangerous Idea?*, Pocket Books 2007, S. 308.

[87] In einem Abschnitt mit dem Titel „Wann es falsch ist, keine Abtreibung zu haben" in Kapitel 11: „Abortion Reconsidered" („Abtreibung neu überdacht") in Jonathan Glover: *Causing Death and Saving Lives*, Penguin, London 1977, Neuauflage 1990, S. 146.

[88] „Genau wie ein Fötus sind Neugeborene ersetzbar. Es ist falsch, ein Baby zu töten, das gute Aussichten auf ein lohnendes Leben hat, aber was diesen Einwand betrifft, so wäre es nicht falsch, ihn zu töten, wenn die Alternative zu seiner Existenz die Existenz eines anderen ist, der genauso gute Aussichten auf ein mindestens genauso lohnenswertes Leben hat" (Ebd., S. 158–159).

[89] Jacqueline Worswick: *A House Called Helen – The Development of Hospice Care for Children*, Oxford University Press 2000, S. 73–74.

[90] Dawkins: *Is Science a Religion?*, S. 26–29.

[91] Ebd.

[92] Ebd., S. 295.

[93] Keith Ward: „Religion – gefährlich oder nützlich?", Kreuz Verlag 2007, S. 91-92.

[94] Dawkins: „Der Gotteswahn", S. 387.

[95] Humphrys: *In God We Doubt*, S. 287.

[96] Ebd., S. 293.

[97] Cornwell: *Darwin's Angel*, S. 90.

[98] Michael Bourdeaux: *Patriarch and Prophets: Persecution of the Russian Orthodox Church*, Mowbrays 1975, S. 38.

[99] Dawkins: „Der Gotteswahn", S. 379.

[100] Ebd.

[101] McGrath: „Der Atheismus-Wahn", S. 98–99.

[102] Dawkins: „Der Gotteswahn", S. 406.

[103] Richard Dawkins in einem Interview mit Laura Sheahen über seine Essaysammlung *The Devil's Chaplain*.

[104] Ebd., S. 271.

[105] Ebd.

[106] Rezension über Hitchens in: *Financial Times Magazine*, 23./24. Juni 2007.

[107] Ebd.

[108] Humphrys: *In God We Doubt*, S. 217; ebd., S. 232; ebd., S. 322.

[109] Charlie Mackesy bei einem Vortrag in der *Holy Trinity Brompton*-Gemeinde am 6. Januar 2008.

[110] Ward: „Religion – gefährlich oder nützlich?", S. 194.

[111] Richard Dawkins in einer öffentlichen Debatte mit John Lennox zum Thema „Der Gotteswahn", 3. Oktober 2007.

[112] Dawkins: „Der Gotteswahn", S. 440.

[113] Richard Dawkins: *A Devil's Chaplain – Selected Essays*, Orion House 2003, S. 283.

[114] Ebd., S. 284–286.

Kapitel 3: Widerspricht der Glaube der Vernunft?

[115] Dawkins: *The Root of All Evil – part 2*, „The Virus of Faith".

[116] Richard Dawkins: „Das egoistische Gen", Spektrum 2006.

[117] Dawkins: „Der Gotteswahn", S. 17–18.

[118] Richard Dawkins: *The Root of All Evil*, Bonus-DVD – Galapagos-Inseln, Mai 2007.

[119] Albert Einstein: *Ideas and Opinions*, 1973, S. 233.

[120] Amy Orr-Ewing: *Why Trust the Bible? Answers to Tough Questions*, InterVarsity Press 2005, S. 113–114.

[121] Michael Ruse: *The Evolution-Creation Struggle*, S. 4 u. 287, zitiert in Nicholas Lash: „Where Does The God Delusion Come From?", in: *New Blackfriars Magazine*, S. 521.

[122] Die Unterhaltung wird berichtet von John Dominic Crossan: *The Dark Interval: Towards a Theology of Story*, 1975, S. 31.

[123] *The Times*, 9. Oktober 2007, S. 55.

[124] Zitiert in Lash: „Where Does the God Delusion come From?", S. 512.

[125] Johannes Paul II.: *Fides et Ratio* – An die Bischöfe der Katholischen Kirche über das Verhältnis von Glaube und Vernunft. Nachzulesen hier:
http://www.vatican.va/holy_father/john_paul_ii/encyclicals/documents/hf_jp-ii_enc_15101998_fides-et-ratio_ge.html

[126] Dawkins: *A Devil's Chaplin*, S. 288–289 (Hervorhebung von Gumbel).

[127] Johannes Paul II., *Fides et Ratio*.

[128] Ebd.

[129] Vater Raniero Cantalamessa: *Sober Intoxication of the Spirit – Filled with the Fullness of God*, Servant Books, St. Anthony Messenger Press 2005, S. 99.

[130] Blaise Pascal: „Gedanken", Köln 2007, S. 116.

[131] Dawkins: *The Root of All Evil*, Galapagos-Inseln.

[132] Collins: „Gott und die Gene", S. 66.

[133] Hawking: „Eine kurze Geschichte der Zeit", S. 67.

[134] Robert Jastrow: *God and the Astronomers,* W. W. Norton 1992, S. 107, 14.

[135] Lesslie Newbigin: *Foolishness to the Greeks,* SPCK 2001, S. 72.

[136] Paul Badham, in: *Church Times,* 26. Oktober 2007.

[137] Roger Penrose: *The Emperor's New Mind,* Oxford University Press 1989, S. 445–446.

[138] Houghton: *Big Science, Big God,* S. 3.

[139] Ebd.

[140] Ebd.

[141] David Hume, 1738, unbekannte Quelle.

[142] Augustinus: „Bekenntnisse", erstes Buch, erstes Kapitel.

[143] Mit freundlicher Genehmigung von Bernard Levin.

[144] Dawkins: „Der Gotteswahn", S. 268.

[145] McGrath: „Der Atheismus-Wahn", S. 66.

[146] Collins: „Gott und die Gene", S. 31.

[147] Blaise Pascal: „Gedanken", Kapitel III, Abteilung III.

[148] John Stott: *Authentic Christianity,* InterVarsity Press 1996, S. 47.

[149] Dawkins: „Der Gotteswahn", S. 136.

[150] Der römische Historiker Tacitus über das „Große Feuer von Rom" in den „Annalen", Buch 15, Kapitel 44.

[151] Zusammenfassung von John Young mit David Wilkinson: *The Case Against Christ,* Hodder & Stoughton 2006, S. 148.

[152] Dawkins: „Der Gotteswahn", S. 130–131.

[153] Ebd., S. 134.

[154] In einem Interview mit der *Saturday Evening Post*, 26. Oktober 1929, zitiert in Max Jammer: *Einstein*

and Religion: Physics and Theology, Princeton University Press 1999.

[155] Siehe z. B. Richard Bauckham: *Jesus and the Eyewitnesses*, Eerdmans 2006; Craig Blomberg: *The Historical Reliability of the Gospels*, IVP Academic 2008.

[156] Ebd.

[157] Dawkins: „Der Gotteswahn", S. 130.

[158] N. T. Wright: *The Resurrection of the Son of God*, Fortress Press 2003, S. 710.

[159] Dawkins: „Der Gotteswahn", S. 130.

[160] Wright: *The Resurrection of the Son of God*, S. 710.

[161] Ebd., S. 350.

[162] Lord Lyttleton: *Observations of the Conversion and Apostleship of St. Paul*, 1747.

[163] Francis Collins beim Nationalen Gebetsfrühstück, am 1. Februar 2007, Washington, D.C.

[164] C. S. Lewis: „Is Theology Poetry?", in: *The Socratic Digest*, Nr. 3, 1945.

[165] Alexander Solschenizyn: „Der Archipel Gulag", 1918–1956, Teil 4, Kapitel 1.

[166] Graham Tomlin: „Dawkins: A Theologian's Perspective", in: *UKFocus*, März 2008.

Nachwort: Was sagt die Theologie dazu?

[167] D. Allen: *Christian Belief in a Postmodern World: The Full Wealth of Conviction*, Westminster/John Knox 1989, S. 1980.

[168] Dawkins: „Der Gotteswahn", S. 513–514, 520.

[169] Ebd., Kapitel 3.

[170] Ebd., S. 146.

[171] Ebd., S. 146–149.

[172] Pascal: „Gedanken".

[173] M. Amis: *Koba the Dread: Laughter and the Twenty Million,* Johanathan Cape 2007, S. 116.

Anhang: Wer ist Jesus?

[174] Josephus: *Antiquitates,* XVIII, S. 63 f. Selbst wenn der Text etwas fehlerhaft sein sollte, wie manche vermuten, bestätigt das Zeugnis des Josephus dennoch die historische Existenz Jesu.

[175] F. J. A. Hort: *The New Testament in the Original Greek,* Band 1, Macmillan, New York, S. 561.

[176] Frederic Kenyon: *The Bible and Archaeology,* Harper and Row 1940.

[177] Siehe z. B. Richard Bauckham: *Jesus and the Eyewitnesses,* Eerdmans 2006; Craig Blomberg: *The Historical Reliability of the Gospels,* IVP Academic 2008.

[178] Ebd.

[179] Wenn Sie sich weiter mit der Historizität der Evangelien beschäftigen möchten, verweise ich auf R. T. France: *The Evidence for Jesus,* aus der *Jesus Library,* Hodder & Stoughton 1986, ; N. T. Wright: *Jesus and the Victory of God,* SPCK 1996. Auf Deutsch z. B.: Hugo Staudinger: „Die historische Glaubwürdigkeit der Evangelien", Verlag J. W. Naumann, Würzburg 1974/73.

[180] Jean-Jacques Rousseau: „Emile oder über die Erziehung", zweiter Band, 1762. Nachzulesen hier: http://gutenberg.spiegel.de/?id=5&txid=4429&kapitel=11&tcHash=d803821ceb2#gb_found

[181] C. S. Lewis: „Pardon, ich bin Christ", Brunnen Verlag 1977, Seite 56–57.

[182] Ebd.

[183] Bernard Ramm: *Protestant Christian Evidence,* Moody Press.

[184] Im Gespräch mit Comte H. G. Bertrand, zitiert in John Abbot: *The Life of Napoleon,* Kessinger 2005.

[185] Mit freundlicher Genehmigung von Bernard Levin.

[186] Wilbur Smith: *The Incomparable Book,* Beacon Publications 1961.

[187] Zitiert in: *The Spectator,* 15. April 2006.

[188] Basierend auf derartigen Detailbeschreibungen, hat ein Expertenteam von Medizinern untersucht, wie sich die Leiden von Jesus auf seinen Körper ausgewirkt haben müssen. Das Team kam zu dem Ergebnis, dass Jesus medizinisch gesehen unmöglich noch am Leben gewesen sein konnte, als er vom Kreuz heruntergenommen wurde, weil er einen hypovolämischen Schock und einen durch Erschöpfung verursachten Erstickungstod erlitten hatte. Ein Bericht dieser Studie erschien im *Journal of the American Medical Association,* Ausgabe 255, 21. März 1986.

[189] Josh MacDowell: *The Resurrection Factor,* Here's Life Publishers.

[190] Michael Green: *Evangelism through the Local Church,* Hodder & Stoughton 1990.

[191] Sir Arthur Conan Doyle: „Sherlock Holmes. Im Zeichen der Vier", Loewe Verlag 1994.

[192] Lewis: „Pardon, ich bin Christ", S. 58.

Nicky Gumbel:

Fragen an das Leben

Eine praktische Einführung in
den christlichen Glauben.

Taschenbuch, 272 Seiten
Best.-Nr. 816 218

Worauf kommt es im Leben wirklich an? Was lässt mein Leben
gelingen? Wie kann ich in Glaubensfragen Sicherheit gewinnen? Wer war Jesus Christus und was bedeutet er für mein
Leben im Alltag?

In fünfzehn klar verständlichen Kapiteln gibt Nicky Gumbel
Antworten auf diese und andere zentrale Fragen, die viele
Menschen an das Christentum stellen.

Was dieses Buch besonders ansprechend macht, ist Nicky
Gumbels Art, die Aussagen der Bibel durch praktische
Beispiele direkt auf uns und unsere Zeit zu projizieren – oft
mit einem Augenzwinkern. Auf allen Seiten spürt man, dass
er sich eigentlich mit jemandem unterhält, der zwar voller
Fragen und Zweifel ist, aber doch Jesus Christus kennenlernen
möchte – „nach wie vor die lohnendste Bekanntschaft, die
man in diesem Leben machen kann" (Alpha Edition).

Alexander Garth:

**Warum ich kein
Atheist bin**

Gebunden, 224 Seiten
Best.-Nr. 816 305

Alexander Garth ist im entkirchlichten Ostdeutschland aufgewachsen. Er schildert, warum er nicht – wie so viele andere
Menschen in seinem Umfeld – Atheist wurde. Es geht ihm
darum, Menschen einzuladen, ihre atheistische Haltung zu
überdenken und einer kritischen Prüfung zu unterziehen.

*„Was will das Buch eigentlich erreichen? Es beschreibt in ver-
ständlicher, weltlicher, manchmal humorvoller (hoffentlich!)
Sprache, was atheistisch und postmodern geprägte Menschen daran hindert zu glauben, und es zeigt Wege zu einer
erlebten christlichen Spiritualität auf. Es möchte eine Brücke
zwischen Atheismus und christlichem Glauben schlagen.
Menschen sind zunehmend unglücklich über ihren Unglauben
und unzufrieden damit. Sie ahnen, dass ihnen der Glaube in
schwierigen Zeiten helfen würde, Halt, Lebensmut und Orien-
tierung zu finden."* (Aus dem Vorwort)